Giorgio Agamben

Höchste Armut

Ordensregeln und Lebensform
Homo Sacer IV, 1

Aus dem Italienischen von
Andreas Hiepko

S. Fischer

Die Arbeit des Übersetzers am vorliegenden Text wurde vom Deutschen Übersetzerfonds gefördert.

Die italienische Originalausgabe erschien 2011 unter dem Titel
»Altissima Povertà. Regole monastiche e forma di vita«
im Verlag Neri Pozza, Vicenza
© 2011 by Giorgio Agamben
Für die deutsche Ausgabe:
© 2012 S. Fischer Verlag GmbH, Frankfurt am Main
Satz: Druckerei C. H. Beck
Druck und Bindung: GGP Media GmbH, Pößneck
ISBN 978-3-10-000533-5

Inhalt

Vitaque mancipio nulli datur, omnibus usu.
Lucr., III, 971

Vorwort

Gegenstand der vorliegenden Untersuchung ist der – am exemplarischen Fall des Mönchtums studierte – Versuch, eine Lebens-Form zu schaffen, das heißt ein Leben, das mit seiner Form so innig verbunden ist, dass es von ihr nicht mehr unterschieden werden kann. Aus dieser Perspektive stellt sich zunächst die Frage nach der Verknüpfung von Regel und Leben, die das Dispositiv bildet, dessen sich die Mönche bedienten, um ihr Ideal einer kommunitären Lebensform zu verwirklichen. Dies verlangte nicht so sehr – oder nicht nur – die kritische Sichtung eines enormen Wusts von pedantischen Vorschriften und asketischen Techniken, Klöstern und Horologien, von einsamen Versuchungen und chorischen Liturgien, brüderlichen Ermahnungen und drakonischen Strafen, also all jener Maßnahmen, die mit Blick auf die Erlösung von der Sünde und der Welt das Zönobium als »geregeltes Leben« einrichten sollen. Vielmehr ging es vor allem darum, die Dialektik zu verstehen, die so zwischen den Termini »Regel« und »Leben« entsteht. Tatsächlich ist diese Dialektik so engmaschig und komplex, dass sie sich in den Augen eines modernen Gelehrten zuweilen in eine vollkommene Einheit aufzulösen scheint: *vita vel regula*, laut der Einleitung der *Regel der Väter*, oder, wie es in der *Regula non bullata* des Franziskus heißt, *haec est regula et vita fratrum minorum* ... Wir wollen hingegen dem *vel* und dem *et* ihre semantische Zweideutigkeit lassen und betrachten das Zönobium als ein von zwei gegenstrebigen, gleichwohl miteinander verflochtenen Intensitäten durchlaufenes

Kraftfeld, in dem sich etwas unerhört Neues Bahn zu brechen versucht: eine Lebens-Form, die sich ihrer Verwirklichung ebenso hartnäckig annähert, wie sie sie verfehlt. Die eigentliche Innovation des Mönchtums ist weder die Vermischung von Leben und Norm noch eine Verschiebung des Verhältnisses von Faktum und Recht, sondern die Entdeckung einer ungeahnten, vielleicht auch heute noch undenkbaren Konsistenzebene, die mit den Syntagmen *vita vel regula, regula et vita, forma vivendi, forma vitae* nur mühsam benannt ist. Auf ihr verlieren sowohl die »Regel« als auch das »Leben« ihre gewohnte Bedeutung, um auf etwas Drittes zu verweisen, das es ans Licht zu bringen gilt.

Im Verlauf der Untersuchung hat sich jedoch gezeigt, dass nicht das Beharren auf – aus moderner Sicht rechtlichen – Dispositiven wie dem Gelübde und der Profess dem Hervortreten und der Erfassung dieses Dritten im Wege stand, sondern vielmehr ein für die Kirchengeschichte ebenso zentrales, wie für den modernen Betrachter undurchschaubares Phänomen: die Liturgie. Die größte Versuchung der Mönche ging nicht von den halbnackten Frauengestalten und unförmigen Ungeheuern aus, die in der Malerei des 15. Jahrhunderts Antonius in seiner Einsiedelei bedrängen, sondern von ihrem erklärten Willen, das Leben als eine ununterbrochene, alles umfassende Liturgie einzurichten. Deshalb musste sich die Untersuchung, die ursprünglich aus der Analyse des Mönchtums eine Definition der Lebens-Form gewinnen wollte, der keineswegs voraussehbaren, allem Anschein nach abwegigen, vom Thema wegführenden Aufgabe einer Archäologie des Amts stellen (deren Ergebnisse in einem selbständigen Band mit dem Titel *Opus Dei. Archeologia dell'ufficio* erscheinen werden).

Will man die uns zugleich nahe und ferne Erfahrung verstehen, um die es bei der Lebens-Form geht, bedarf es einer vorläufigen Bestimmung jenes Sein und Tun, Göttliches und Menschliches verschränkenden, ontologischen wie praktischen Paradigmas, an dessen Verfeinerung die Kirche im Verlauf ihrer Geschichte unermüdlich gearbeitet hat: von den ersten noch vagen Vorschriften der *Apostolischen Konstitutionen* bis zur feingliedrigen Architektur des *Rationale divinorum officiorum* des Wilhelm von Mende (13. Jahrhundert) und der kalkulierten Schlichtheit der Enzyklika *Mediator Dei* (1947).

Auch wenn das Verständnis der mönchischen Lebensform eine beharrliche Auseinandersetzung mit dem liturgischen Paradigma voraussetzt, das Experimentum crucis der Untersuchung bildete doch die Analyse der spirituellen Bewegungen des 12. und 13. Jahrhunderts, die im Franziskanertum kulminieren. Insofern ihre zentrale Erfahrung nicht mehr auf der Ebene der Lehre und des Gesetzes, sondern auf der des Lebens angesiedelt ist, markieren sie einen in jedem Sinn entscheidenden Moment in der Geschichte des Mönchtums, in dem dessen Stärken und Schwächen, dessen Siege und Niederlagen ihre äußerste Spannung erreichen.

Deshalb schließt das Buch mit einer Interpretation der Botschaft des Franziskus und der franziskanischen Theoretiker der Armut und des Gebrauchs, die eine übereilte Legendenbildung und ein ausuferndes hagiographisches Schrifttum hinter der allzu menschlichen Maske des *pazzus*, des Narren, oder der nicht mehr menschlichen eines zweiten Christus zum Verschwinden gebracht haben oder eine mehr an Fakten als an deren theoretischen Implikationen interessierte Exegese in die disziplinären Grenzen der Rechts- und Kirchengeschichte verwiesen hat. In dem einen wie dem anderen Fall bleibt die vielleicht wertvollste Hinterlassenschaft des Franziskanertums unberührt, die das Abendland stets aufs Neue als seine unaufschiebbare Aufgabe annehmen muss: Ist eine Lebens-Form denkbar, also ein dem Zugriff des Rechts vollständig entzogenes Menschenleben und ein Körper- und Weltgebrauch, der nicht in einer Aneignung mündet? Das aber heißt, das Leben als etwas zu denken, das einem nicht als Besitz, sondern zum Gebrauch gegeben ist.

Um diese Aufgabe bewältigen zu können, bedarf es jedoch zunächst der Erarbeitung einer Theorie des Gebrauchs, da man noch deren elementarste Grundlagen in der abendländischen Philosophie vergeblich sucht, und einer von ihr ausgehenden Kritik jener operativen und gouvernementalen Ontologie, die, in den unterschiedlichsten Verkleidungen, bis auf unsere Tage die Geschicke der Menschheit bestimmt. Dies bleibt dem letzten Band des *Homo sacer* vorbehalten.

I. Regel und Leben

1. Ursprung der Regel

1.1. An der Wende vom 4. zum 5. Jahrhundert christlicher Zeitrechnung entsteht eine eigentümliche Literaturform, die – zumindest auf den ersten Blick – in der antiken Welt keine Vorläufer zu haben scheint: die Mönchsregeln. Die Texte, die man herkömmlich unter dieser Rubrik einordnet, sind – jedenfalls was ihre Form und Ausgestaltung betrifft – derart heterogen, dass man sich der unterschiedlichsten Überschriften bediente, um ihren Inhalt im Incipit der Handschriften zusammenzufassen: *vitae, vita vel regula, regula, horoi kata platos, peri tēs askēseōs tōn makariōn paterōn, instituta coenobiorum, praecepta, praecepta atque instituta, statuta patrum, ordo monasterii, historiae monachorum, askētikai diataxeis* … Selbst wenn man sich an die strengere Definition des Begriffes hält, die dem *Codex regularum* – einer von Benedikt von Aniane zu Beginn des 9. Jahrhunderts zusammengestellten Sammlung von gut fünfundzwanzig Regeln – zugrunde liegt, die Spannbreite der Texte könnte nicht größer sein. Das gilt sowohl für ihren Umfang (von der Augustinusregel und der *Zweiten Regel der Väter*, die auf wenigen Seiten Platz finden, bis zu der knapp dreihundert Seiten umfassenden *Regula magistri*) als auch für ihre Darstellungsform (Fragen und Antworten – *erotapokriseis* – zwischen Mönchen und Meister bei Basilius, eine unpersönliche Vorschriftensammlung bei Pachomius, das Protokoll einer Zusammenkunft von Patres im Fall der *Regel der vier Väter*) und nicht zuletzt für ihren Inhalt, der sich mit Fragen der Schriftauslegung oder der geistlichen Erbauung der Mönche befassen oder aus mal nüchternen, mal akribischen Aufzählungen von Vorschriften und Verboten bestehen kann. Obgleich die Regeln den Anspruch erheben, das Leben einer Gruppe von Individuen – nicht selten durch strenge Sanktionen und bis ins kleinste Detail – zu regeln, handelt es sich bei ihnen allem Anschein nach nicht um juristische Schriften; obgleich sie zuweilen lediglich die Lebensweise und die Gewohnheiten der Mitglieder einer Gemeinschaft beschreiben, sind es keine historischen Schilderungen; obgleich sie sich teilweise so sehr mit dem Leben des Heiligen oder der Gründerväter vermengen, dass sie zu dessen Aufzeichnung in Form eines *exemplum* oder einer *forma vitae* werden (deshalb konnte Gregor von Nazianz die von Athanasius verfasste Vita des Antonius als »eine Gesetzgebung (*nomothesia*) des mönchischen Lebens in narrativer Form *(en plasmati diēgēseōs)*« bezeichen – GREGOR VON NAZIANZ, S. 510), sind es keine Hagiographien. Auch wenn außer Frage steht, dass sie letztlich auf die Erlangung des Seelenheils nach den Geboten des Evangeliums und den Gottesdienst abzielen, gehören die Regeln nicht zur kirchlichen Literatur und Praxis, von denen sie sich ohne jegliche Polemik, aber entschieden abzusetzen versuchen. Schließlich sind sie auch keine *hypomnemata*, wie die von Michel Foucault untersuchten ethischen Übungen der Spätantike: Und dennoch besteht ihr zentrales Anliegen eben darin, das Leben und die Sitten der Menschen sowohl auf individueller wie auf kollektiver Ebene zu lenken. Die vorliegende Untersuchung möchte zeigen, dass sich in diesen so vielgestaltigen wie eintönigen Texten, deren Lektüre für den modernen Leser so mühsam ist, in entscheidenderem Maße als in den juristischen, ethischen, ekklesiastischen oder historischen Texten derselben Epoche ein Wandel vollzieht, der sowohl das Recht als auch die Ethik und die Politik betrifft und eine radikale Neuformulierung jener Begrifflichkeit impliziert, mittels deren bis zu diesem Zeitpunkt das Verhältnis von menschlichem Handeln und Norm, von »Leben« und »Regel« artikuliert wurde, ein Wandel, ohne den die politische und ethisch-rechtliche Rationalität der Moderne nicht vorstellbar wäre. Insofern werden in der vorliegenden Untersuchung Syntagmen wie *vita vel regula, regula et vita, regula vitae* nicht als bloßes Hendiadyoin verstanden: Sie definieren ein historisches und hermeneutisches Spannungsfeld, was ein Überdenken beider Begriffe erfordert. Was wird aus der Regel, wenn sie restlos mit dem Leben zu verschmelzen scheint? Und was aus einem Menschenleben, wenn es nicht mehr von der Regel zu unterscheiden ist?

1.2. Die vollkommene Erfassung eines Phänomens ist seine Parodie. Im Jahr 1534, erzählt Rabelais gegen Ende der *Vie très horrifique du grand Gargantua*, dass Gargantua den Mönch, der an seinen wenig erbaulichen Unternehmungen beteiligt war, mit der Stiftung einer Abtei entschädigen will, die den Namen Thélème tragen soll. Nachdem er die architektonische Beschaffenheit des Gebäudes (*en figure exagone, en telle façon que à chascun angle estoit bastie une grosse tour* [»es bildete ein Sechseck; an jeder Ecke befand sich ein großer runder Turm«, S. 172] – Rabelais, S. 41), die Anordnung der Gemächer, die Kleiderordnung und das Alter der Thelemiten in aller Ausführlichkeit beschrieben hat, erklärt Rabelais, »wie die Lebensweise der Thelemiten geregelt war (*comment estoient reigléz leur manière de vivre*)«, und zwar in einer Form, die offensichtlich nichts anderes ist als die Parodie einer Klosterregel. Wie bei jeder Parodie geht es auch hier um eine genaue Umkehrung des vom Rhythmus der Horologien und Stundengebete peinlich genau unterteilten klösterlichen *cursus* in etwas, das oberflächlich betrachtet als völlige Regellosigkeit erscheint:

Et parce que ès religions de ce monde, tout est compassé, limité et reiglé par heures, feut decrété que là ne seroit horologe ny quadrant aulcun, mais selon les occasions et opportunitéz seroient toutes les oeuvres dispensées; car (disoit Gargantua) la plus vraye perte du temps qu'il sceust estoit de compter les heures – quel bien en vient-il? – et la plus grande resverie du monde estoit soy gouverner au son d'une cloche, et non au dicté de bon sens et entendement (*ebd.*, S. 37).

Und weil nach den bestehenden Ordensregeln alles begrenzt, abgemessen und nach Stunden eingeteilt ist, so dürfte es in dieser Abtei weder Uhr noch Sonnenuhr geben, sondern alles müsste nach Umständen und Bedürfnissen getan werden. »Denn«, sagte Gargantua, »es gibt keine größere Zeitverschwendung, als die Stunden zu zählen. Wozu soll das nützen? Und auch nichts Törichteres gibt es, als sich vom Schlag der Glocke, statt von Verstand und Überlegung, leiten zu lassen« (S. 170).

Toute leur vie estoit employée non par loix ou reigles, mais selon leur vouloir et franc arbitre. Se levoient du lict quand bon leur sembloit, beuvoient, mangeoient, travailloient, dormoient quand le désir leur venoit; nul le esveilloit, nul ne les parforceoit ny à boire ny à manger ny à faire chose aultre quelconque. Ainsi l'avoit estably Gargantua. En leur reigle n'estoit que ceste clause: FAY CE QUE VOULDRAS (*ebd.*, S. 60).

Eine bestimmte Lebensweise war ihnen durch Gesetze, Statuten oder Regeln nicht vorgeschrieben, sie ordneten sie ganz nach ihrem Willen und Belieben: standen auf, wann sie wollten, aßen und tranken, wann sie Appetit hatten, und arbeiteten oder schliefen, je nachdem sie die Lust dazu ankam. Niemals weckte sie jemand, ebenso wenig wie jemand sie zum Essen oder Trinken oder sonst wozu nötigte. So hatte Gargantua es bestimmt. Ihre ganze Ordensregel bestand aus einem einzigen Paragraphen: TU, WAS DIR GEFÄLLT! (S. 180)

Man hat Thélème als »das Gegen-Kloster« bezeichnet (FEBVRE, S. 165). Doch recht betrachtet geht es nicht einfach um die Verkehrung der Ordnung in Unordnung und der Regel in Anomie. Wenn auch in einem einzigen Satz zusammengefasst, es gibt eine Regel und sie hat einen Autor (*ainsi l'avoit estably Gargantua* [»So hatte Gargantua es bestimmt«]). Und auch der Zweck, dem sie dient, ist – trotz der Entbindung von jeglicher Pflicht und der bedingungslosen Freiheit aller – mit dem der Klosterregel absolut identisch: das »Zönobium« (*koinos bios*, das Zusammenleben), die Vollkommenheit eines bedingungslosen Gemeinschaftslebens (*unianimes in domo cum iocunditate habitare*, wie es in einer alten Klosterregel heißt):

Par ceste liberté entrèrent en louable émulation de faire tous ce que à un seul voyoient plaire. Si quelqu'un ou quelcune disoit: »beuvons«, tous beuvoient; si disoit: »jouons«, tous jouoient; si disoit: »Allons à l'esbat ès champs«, tous y alloient (RABELAIS, S. 61).

Diese Freiheit feuerte sie zu löblichem Wetteifer an, nur immer das zu tun, was den anderen angenehm war. Sagte einer oder eine: Lasst uns trinken, so tranken sie alle; sagte er: Lasst uns spielen, so spielten sie alle; sagte er: Lasst uns spazieren gehen, so gingen sie alle spazieren (S. 180).

Im Übrigen ist die Abbreviatur der Regel keine Erfindung Rabelais', sondern geht auf den Autor einer der ersten

Mönchsregeln zurück: auf Augustinus, der in seinem Kommentar des Ersten Johannesbriefs (PL, 35, 2033) die Gebote des christlichen Lebens auf eine genuin gargantueske Formel brachte: »Liebe und tu, was du willst *(dilige et quod vis fac)*«. Dies entspricht übrigens exakt der Lebensweise jener Mönche, die gemäß einer von Cassian begründeten Tradition verächtlich »Sarabaiten« genannt wurden: Deren einzige Regel sei die Befriedigung ihrer Gelüste gewesen *(pro lege eis est desideriorum voluntas)*. Die scheinbar komische Parodie Rabelais' ist nämlich ernster gemeint, als man auf den ersten Blick vermuten möchte – so ernst, dass man die Episode von Thélème mit der franziskanischen Gründung eines Ordens ganz neuer Art verglichen hat (GILSON, S. 265 f.). Das gemeinsame Leben, das restlos in der Regel aufgeht, setzt sie außer Kraft, ja erklärt sie für nichtig.

1.3. Zwanzig Tage benötigte Donatien Alphonse de Sade, um 1785 in seiner Zelle im Gefängnis der Bastille auf einer zwölf Meter langen Papierrolle in Miniturschrift das niederzuschreiben, was viele als sein Meisterwerk betrachten: *Les 120 journées de Sodome*. Die Rahmenhandlung ist bekannt: Am 1. November eines nicht näher bestimmten Datums gegen Ende der Regentschaft Ludwigs XIV. schließen sich vier reiche und mächtige Wüstlinge – der Herzog von Blangis, sein Bruder, der Bischof von …, der Präsident von Curval und der Finanzier Durcet – mit ihren zweiundvierzig Opfern im Schloss Silling ein, um eine Orgie zu feiern, die ihrer erklärten Schrankenlosigkeit zum Trotz geradezu zwanghaft bis ins kleinste Detail geregelt ist. Auch in diesem Fall ist das Vorbild unzweifelhaft die Klosterregel; doch während bei Rabelais das Paradigma direkt angesprochen

wird (Thélème ist eine Abtei), um es Punkt für Punkt zurückzuweisen oder in sein Gegenteil zu verkehren (keine Uhren, keine Zeiteinteilung, keine Verhaltensmaßregeln), unterliegt in Silling – das keine Abtei, sondern ein Schloss ist – die Zeit einer streng ritualisierten Segmentierung, die an den unumstößlichen *ordo* des monastischen Offiziums erinnert. Nachdem sie sich in ihrem Rückzugsort eingeschlossen, oder genauer, eingemauert haben, verfassen und verkünden die vier Freunde die *règlements*, die in ihrem neuen Gemeinschaftsleben gelten sollen. Nicht nur, dass – wie im Kloster – jeder Moment des »Zönobiums« festgelegt, der Rhythmus von Wachen und Schlafen bestimmt ist und die gemeinsamen Mahlzeiten und »Feierlichkeiten« einem genauen Plan folgen, auch die Darmentleerung der Jungen und Mädchen ist streng reglementiert. *On se lèvera tous les jours à dix heures du matin*, »man wird täglich um 10 Uhr morgens aufstehen«, beginnt die Regel als Parodie der kanonischen Stunden, *à onze heures les amis se rendront dans l'appartement des jeune filles … de deux à trois heures on servira les deux premières tables … en sortant du souper, on passera dans le salon d'assemblée* »Um elf begeben sich die Freunde in das Appartement der jungen Mädchen. […] Von zwei bis drei Uhr wird an zwei Tafeln gleichzeitig gespeist. […] Nach dem Souper begibt man sich in den Versammlungssaal« (die *synaxis* oder *collecta* oder der *conventus fratrum* der monastischen Terminologie) *pour la célébration* »zur Feier (dasselbe Wort, das in den Regeln den Gottesdienst bezeichnet) dessen, was man die Orgien nennt« *de ce qu'on appelle les orgies …*
Der *lectio* der Heiligen Schrift (oder, wie es die *Magisterregel* verlangt, des Regeltexts selbst), die in den Klöstern die

Mahlzeiten und die alltäglichen Verrichtungen der Mönche begleitet, entsprechen hier die rituellen Berichte, die die vier *historiennes* – die Duclos, die Champville, die Martaine und die Desgranges – von ihrem ausschweifenden Leben geben. Dem bedingungslosen Gehorsam, den die Mönche dem Abt und den Oberen bis in den Tod leisten (*oboedientia praeceptum est regulae usque ad mortem – Regula monachorum*, PL, 87, 1115B), entspricht die absolute Gefügigkeit der Opfer gegenüber den Wünschen ihrer Herren bis zur höchsten Folter (»Das geringste Lachen, der geringste Mangel an Aufmerksamkeit, Respekt, oder Unterwürfigkeit ist eine der schwersten und am grausamsten bestraften Verfehlungen.« Auch die Klosterregeln hatten das Lachen während den Versammlungen unter Strafe gestellt: *Si vero aliquis depraehensus fuerit in risu ... iubemus ... omni flagello humilitatis ccoherceri* – VOGÜÉ 1, I, S. 202 f.).

Das zönobitische Ideal lebt also auch hier wie in Thélème als Parodie fort – mehr noch, es wird auf die Spitze getrieben. Doch während das Leben in der Abtei, in der das Vergnügen zur Regel erhoben wurde, auf deren Abschaffung hinausläuft, muss das in jedem Punkt mit dem Leben übereinstimmende Gesetz, das in Silling herrscht, es zwangsläufig zerstören. Und während das klösterliche Zönobium auf unbegrenzte Dauer angelegt ist, verlassen die vier Wüstlinge, die das Leben ihrer Lustobjekte geopfert haben, nach nur fünf Monaten überstürzt das Schloss und kehren mit den Überlebenden nach Paris zurück.

1.4. Es mag verwunderlich erscheinen, dass das mönchische Ideal, das aus der individuellen Weltflucht in die Einsamkeit hervorgegangen war, zum Muster eines ganz auf die Gemeinschaft ausgerichteten Lebens werden konnte. Und dennoch, kaum dass Pachomius das anachoretische Modell ins zweite Glied verwiesen hatte, wurde das Wort *monasterium* gleichbedeutend mit Zönobium verwendet und seine Etymologie, die auf ein Leben in Einsamkeit verweist, so sehr verdrängt, dass in der *Magisterregel* das Wort *monasteriale* als Übersetzung für Zönobium angegeben und mit der Glosse *militans sub regula vel abbate* (Vogüé 2, I, S. 328) versehen werden konnte. Schon die Regel des Basilius warnte vor den Gefahren und der Selbstsucht des einsamen Lebens, das »ganz unverhohlen dem Gesetz der Nächstenliebe widerspricht *(machomenon tōi tēs agapēs nomōi)*« (Basilius, *Regulae fusius tractatae*, PG, 31, 930). Und Basilius fügt hinzu: »Wenn wir abgeschieden leben, können wir uns weder mit dem Verherrlichten freuen, noch mit dem Leidenden mitleiden, denn wir könnten den Zustand des anderen nicht erkennen« *(ebd.)*. Im gemeinsamen Leben *(en tēi tēs zōēs koinoniai)* hingegen werden die jedem Einzelnen verliehenen Gaben Gemeingut aller, die mit ihm zusammenleben *(sympoliteuomenōn)*, und das Wirken *(energeia)* des heiligen Geistes in einem jeden von ihnen teilt sich allen anderen mit *(ebd., 931)*. »Wer aber allein lebt, macht das Charisma, das ihm vielleicht verliehen wurde, durch Nichtgebrauch *(dia tēs argias)* nutzlos, so als ob er es in sich selbst vergraben würde *(katoryxas en eautōi)*« *(ebd.)*. Dementsprechend beginnt die *Regel der vier Väter* mit der Beschwörung der »Trostlosigkeit der Einsiedelei und der von Ungeheuern verbreiteten Schrecken«, um von der Einsamkeit abzuraten, und begründet unmittelbar darauf das Zönobium unter Berufung auf die Heilige Schrift mit der Freude und Einmütigkeit des gemeinsamen Lebens: *volu-*

mus ergo fratres unianimes in domo cum iocunditate habitare (VOGÜÉ 1, I, S. 182). Als Strafe schlechthin gilt der vorübergehende Ausschluss vom Gemeinschaftsleben (*excommunicatio – ebd.*, S. 202), und laut der *Regula Macharii* bedeutet der Austritt aus dem Kloster *(ex communione discedere)*, sich für die Finsternis der Hölle zu entscheiden (*in exteriores ibunt tenebras – ebd.*, S. 386). Noch bei Theodoros Studites wird das Zönobium dem Paradies *(paradeisos tēs koinobiakēs zōēs)* verglichen und der Austritt aus ihm mit der Erbsünde Adams gleichgesetzt. »Mein Sohn,« ermahnt er einen Mönch, der in der Abgeschiedenheit leben möchte, »wie hat dich der erzböse Satan aus dem Paradies des gemeinsamen Lebens vertreiben können, wie einstmals den vom Rat der Schlange verführten Adam?« (Ep. 1, PG, 99, 938).

Von paradigmatischer Bedeutung für das Thema des gemeinsamen Lebens ist die Apostelgeschichte, in der das Leben der Apostel und derer, die »in ihrer Lehre verharrten«, als »Einmütigkeit« und Kommunismus beschrieben wird: »Alle Gläubigen waren beisammen und hatten alles gemeinsam. [...] Tag für Tag verharrten sie einmütig *(homothymadon)* im Tempel, brachen zu Hause das Brot und hielten miteinander Mahl in Freude und Einfalt des Herzens.« (Apg 2,44 – 46); »die Menge der Gläubigen war ein Herz und eine Seele; keiner nannte etwas von dem, was er hatte, sein Eigentum, sondern sie hatten alles gemeinsam.« (*ebd.*, 4,32). Diesem Leitbild folgt Augustinus, wenn er in seiner Regel erklärt, das oberste Ziel des mönchischen Lebens sei es, »einträchtig im selben Haus zu wohnen und ein Herz und eine Seele zu haben in Gott« (*primum propter quod in unum estis congregati, ut unanimes habitetis in*

domo et sit vobis anima una et cor unum in Deo – Aug.,
Regula ad servos dei, PL, 32, 1377). Und Hieronymus, der
im Jahr 404 eine griechische Fassung der Pachomiusregel
ins Lateinische übersetzt, verweist in einem Brief ausdrücklich auf ein koptisches Wort, das diejenigen bezeichnet, die
in Gemeinschaft leben: *coenobitae, quod illi »sauses« gentili
lingua vocant, »nos in commune viventes« possumus appel-
lare* (Ep. 22, 14, PL, 22, 419).

Bis zur monastischen Erneuerung des 11. Jahrhunderts, als
mit Romuald und Petrus Damiani die »Spannungen zwischen Kloster und Einsiedelei« (Calati, S. 530) wieder
zunahmen, behauptete das gemeinsame Leben gegenüber
dem eremitischen eine unangefochtene Vorrangstellung.
Diese Tendenz gipfelte im Beschluss des Konzils von Toledo
(646), der – die vom Anachoretentum zum Klosterleben
führende historische Entwicklung umkehrend – vorschrieb,
niemandem zu erlauben, ein Eremitendasein zu führen, der
nicht zuvor zönobitisch gelebt hat. Das zönobitische Projekt
ist buchstäblich vom *koinos bios* bestimmt, vom gemeinsamen Leben, dem es seinen Namen verdankt und ohne das
es nicht verstanden werden kann.

א Offensichtlich hat die Idee eines »gemeinsamen Lebens« politische Bedeutung. In der *Politik* spricht Aristoteles, der die Stadt als »vollkommene Gemeinschaft«
(*koinonia teleios* – 1252b29) bestimmt und sich des Wortes *syzēn*, »zusammenleben«, bedient, um die politische
Natur des Menschen zu bezeichnen (»sie wünschen zu-
sammenzuleben« – 1278b22), jedoch nirgends von einem *koinos bios*. Zwar entsteht die *polis* mit Blick auf das
Leben (*tou zēn eneka* – 1252b30), doch ihre Daseins-

berechtigung ist das »gute Leben« (*to eu zēn* – *ebd.*). In der Vorrede der *Institutiones* bemerkt Cassian, dass der Zweck seines Buches neben der »Besserung unseres Lebenswandels« auch die Darstellung des »vollkommenen Lebens« sei (CASSIAN 1, S. 30). Wie die Polis ist auch das Kloster eine Gemeinschaft, die die »Vollkommenheit des zönobitischen Lebens« (*perfectionem* [...] *coenobialis vitae* – *ebd.*, S. 182) zu verwirklichen sucht. Deshalb unterscheidet Cassian in den *Conlationes* das Kloster vom Zönobium, weil das Kloster »nur der Name eines Ortes ist, nämlich der Wohnung der Mönche, während Zönobium auch die Qualität und Disziplin der Profess selbst bedeutet. Kloster kann auch die Wohnstätte eines einzelnen Mönchs meinen, Zönobium bezeichnet ausschließlich die vereinte Gemeinschaft vieler, die zusammenleben (*plurimorum cohabitantium ... unita communio*)« (CASSIAN 2, S. 22). Zönobium bezeichnet nicht nur einen Ort, sondern vor allem eine Lebensform.

1.5. Die Spannung von privat und gemein, von Eremitendasein und Zönobium scheint auch der seltsamen Untergliederung in drei beziehungsweise vier *genera monachorum* zugrunde zu liegen, die sich bei Hieronymus findet (Ep. 22), bei Cassian (*Conlationes*, 18, 4–8), in der langen Abschweifung zu Beginn der *Magisterregel*, bei Benedikt und, in abgewandelter Form, bei Isidor, Johannes Klimakos, Petrus Damiani und Abelard bis hin zu den Texten der Kanoniker. Der tiefere Sinn dieser Gliederung, die zunächst die Zönobiten (*in commune viventes*) von den Anachoreten (*qui soli habitant per desertum*) unterscheidet, um ihnen als »verabscheuenswerte und unreine« Art die Sarabaiten und – in der seit der *Magisterregel* und der Benediktsregel kanonisch gewordenen Vierteilung – die Gyrovagen gegenüberzustellen, eröffnet sich jedoch nur, wenn man versteht, dass es nicht so sehr um den Gegensatz von Einsamkeit und Gemeinschaftsleben geht, als vielmehr um den gleichsam »politischen« von Ordnung und Unordnung, Regierung und Anarchie, Beständigkeit und Nomadentum. Schon bei Hieronymus und Cassian zeichnet sich die (als *teterrimum, deterrimum ac infidele* qualifizierte) »dritte Art« dadurch aus, dass sie »zu zweit oder dritt zusammenleben, nach ihrem Willen und Befehl *(suo arbitratu ac ditione)*« und »es nicht dulden, von der Sorge und der Macht eines Abts regiert zu werden *(abbatis cura atque imperio gubernari)*«. »Ihnen gilt«, wie die *Magisterregel* hervorhebt, »die Willkür ihres Begehrens als Gesetz« (*pro lege eis est desideriorum voluntas* – VOGÜÉ 2, I, S. 330); sie leben, »ohne je von einer Regel auf die Probe gestellt worden zu sein« (*nulla regula adprobati* – PRICOCO, S. 134).

Bei dem »Gemeinplatz der monastischen Homiletik« (PENCO, S. 506), zu dem die Vierteilung der *genera monachorum* wurde, ging es also darum, einen Gegensatz zwischen einer gut geführten Gemeinschaft und der Anomie, einem positiven politischen Paradigma und einem negativen zu konstruieren. Insofern ist diese Klassifikation keineswegs, wie behauptet wurde (CAPELLE, S. 309), bar jeder Logik; vielmehr hat, wie aus der Variante Isidors, der sechs Arten unterscheidet, hervorgeht, jede Gruppe ihr negatives Doppel, ihren Schatten, so dass sie sich exakt nach dem Schema einer binären Opposition verteilen (*tria optima, reliqua vero teterrima* – ISIDOR, *De ecclesiasticis officiis*, 2, 16, PL, 83, 794 – 799). In der Gemeindebibliothek von Mantua wird eine Illustration der Benediktsregel aufbewahrt, die die zwei Paradigmen plakativ kontrastiert: Den durch vier andächtig betende Mönche verkörperten Zönobiten und den von einem einzelnen schlichten Mönch dargestellten Anachoreten entsprechen die wüsten Bilder der Sarabaiten, die, sich den Rücken zukehrend, in entgegengesetzte Richtungen laufen, und der Gyrovagen, die zügellos Speisen und Getränke verschlingen. Einmal die anachoretische Ausnahme beiseitegelassen, wird sich das Mönchtum immer mehr darauf konzentrieren, eine geordnete und gut geführte Gemeinschaft zu bilden und aufrechtzuerhalten.

1.6. Die gemeinsame Wohnung ist die notwendige Voraussetzung des Mönchtums. Gleichwohl scheint der Terminus *habitatio* in den ältesten Regeln nicht so sehr ein schlichtes Faktum, als vielmehr eine Tugend und eine geistige Verfassung zu bezeichnen. »Die Tugenden, durch die sich die Brüder unterscheiden, also die Wohnung und der Gehorsam«, heißt es an einer Stelle der *Regel der vier Väter* (PRICOCO, S. 10). Im selben Sinn scheint das Wort *habitare* (Frequentativ von *habeo*) nicht nur eine Sachlage, sondern eine Lebensweise zu bezeichnen. So bestimmt die *Magisterregel*, dass sich die Kleriker als Gäste *(hospites suscipiantur)* auch für längere Zeit im Kloster aufhalten dürfen, es jedoch nicht »bewohnen« *(in monasterio habitare)*, das heißt, den Mönchsstand erlangen können (VOGÜÉ 2, II, S. 342–346).

Im Kontext des Klosterlebens wird das Wort *habitus*, das eigentlich »Seins- und Handlungsweise« bedeutet und in der Stoa zum Synonym für Tugend wurde (*habitum appellamus animi aut corporis constantem et absolutam aliqua*

in re perfectionem – CIC., *Inv.*, 25, 36), immer mehr zu einer
Bezeichnung für die Art, sich zu kleiden. Schon in nach-
augusteischer Zeit, als sich diese konkrete Verwendung des
Wortes durchzusetzen beginnt, ist es nicht immer leicht, sie
von der allgemeineren Bedeutung zu unterscheiden, zumal
habitus häufig im Zusammenhang mit dem Kleid verwendet
wird, was auch nicht weiter verwunderlich ist, da Letzteres
durchaus als integraler Bestandteil einer »Verhaltensweise«
betrachtet werden kann. Wenn wir bei Cicero *virginali habitu atque vestitu* (*Verr.*, 2, 2, 87) lesen, tritt sowohl die Nähe
als auch die Unterschiedenheit der beiden Begriffe deutlich
hervor, bei einer Quintilianstelle, in der *habitus* und Kleid
einerlei werden (*Theopompus Lacedaemonis, cum permuta-
to cum uxore habitu e custodia ut mulier evasit …* – QUINT.,
2, 17, 20), fragt man sich jedoch, ob das Wort nicht vielmehr
das weibliche Aussehen und Gebaren im Ganzen bezeichnet.

Werfen wir nun einen Blick in das erste Buch von Cassians
De institutis coenobiorum, das den Titel *De habitu monachorum* trägt. Es besteht nicht der geringste Zweifel, dass es
sich um eine Beschreibung der Mönchstracht handelt, die
einen wesentlichen Bestandteil der Regel darstellt: »Da wir
über die Einrichtungen und Regeln der Klöster reden *(de
institutis ac regulis monasteriorum)*, könnten wir da mit
etwas Besserem beginnen als mit der Kleidung der Mönche
selbst *(ex ipso habitu monachorum)*?« (CASSIAN 1, S. 34).
Diese Verwendung des Wortes setzt jedoch voraus, dass
die Kleider der Mönche, die Cassian aufzählt und in allen
Einzelheiten beschreibt, einen Prozess der Moralisierung
durchlaufen haben, der sie zu Symbolen oder Allegorien
bestimmter Tugenden und Lebensweisen werden lässt. Des-

halb kommt die Beschreibung der äußeren Ausstattung (*exteriorem ornatum*) einer Darlegung der innerlichen Lebensweise (*interiore cultum* [...] *exponere* – *ebd.*) gleich. Denn der Habit des Mönchs schuldet sich nicht der Sorge um den Körper, sondern ist *morum formula*, »Beispiel einer Lebensform« (*ebd.*, S. 42). So ist die kleine Kapuze (*cucullus*), die die Mönche Tag und Nacht tragen, eine Mahnung, »die Unschuld und Einfalt der Kinder stets zu bewahren« (*ebd.*). Die kurzen Ärmel ihres leinenen Untergewands (*colobion*) »stehen für ihren Verzicht auf jedes irdische Wirken und Tun« (S. 44) – von Augustinus wissen wir, dass die langen Ärmel (*tunicae manicatae*) als Zeichen der Eleganz sehr beliebt waren. Die wollenen Schurzbänder, die, unter den Achselhöhlen verlaufend, die Gewänder eng am Körper der Mönche festhalten, bringen zum Ausdruck, dass sie für jede Arbeit bereit sind (*inpigri ad omnes opus expliciti* – S. 46). Das Mäntelchen (*palliolus*) oder der Überwurf (*amictus*), mit denen sie Hals und Schultern bedecken, symbolisieren die Demut. Der Stab (*baculus*) soll sie daran erinnern, dass »sie inmitten so vieler Laster, die sie anbellen wie Hunde, niemals unbewaffnet gehen dürfen« (S. 48). Die Sandalen (*gallicae*), mit denen sie ihre Füße bekleiden, deuten an, dass »die Füße der Seele immer zum geistigen Lauf gerüstet sind« (S. 50).

Den Höhepunkt dieser Moralisierung des Kleides bildet jedoch der Ledergürtel (*zona pellicia, cingulus*), den der Mönch stets tragen soll. Er macht ihn zum »Soldaten Christi«, allzeit bereit, den Kampf mit dem Teufel aufzunehmen (*militem Christi in procinctu semper belli positum*), und schreibt ihn zugleich in eine schon in der Basiliusregel bezeugte Genealogie ein, die über die Apostel und Johannes den Täufer bis auf Elias und Elisäus zurückgeht (S. 37). Mehr noch, der *habitus cinguli* (was offensichtlich nicht mit »Kleid des Gürtels« übersetzt werden kann, sondern *hexis* und *ethos* entspricht und eine feste Gewohnheit bezeichnet) ist eine Art *sacramentum*, ein heiliges Zeichen (vielleicht auch im technischen Sinn von Schwur: *in ipso habitu cinguli inesse parvum quod a se expetitur sacramentum* – S. 52), das die »Abtötung der Glieder, in denen der Same der Wollust und der Begierde enthalten ist« (*ebd.*), bedeutet und bekundet.

Eben deshalb ist der Moment, in dem der Neophyt sein weltliches Kleid ablegt und den Mönchshabit empfängt, in den alten Regeln von entscheidender Bedeutung. Schon Hieronymus hat darauf geachtet, bei seiner Pachomiusübersetzung die weltlichen *vestimenta* und den *habitus* des Mönchs eindeutig zu unterscheiden (*tunc nudabunt eum vestimentis saecularibus et induent habitum monachorum* – BACHT, II, S. 93). In der *Magisterregel* ist der *habitus propositi*, der dem Neophyten nicht leichtfertig gewährt werden darf (VOGÜE 2, II, S. 390), freilich mehr als ein Kleid: Er ist der – Kleid und Lebensweise umfassende – *habitus*, der dem *propositum*, also dem Projekt, dem sich der Neophyt verschrieben hat, angemessen ist. Und wenn die Regel wenig später festlegt, dass der Konverse, der beschließt, die Gemeinschaft zu verlassen und in die Welt zurückzukehren, *exutus sanctis vestibus vel habitu sacro* (*ebd.*, S. 394) werden muss, handelt es sich, anders als der Herausgeber glaubt, nicht um eine »Redundanz«: Der »heilige Habit« ist mehr als »die heiligen Kleider«, denn er bezeichnet eine Lebensweise, die diese lediglich symbolisieren.

Zusammenwohnen bedeutet für die Mönche also nicht nur,

Ort und Kleid zu teilen, sondern vor allem einen *habitus*; insofern ist der Mönch ein Mensch, der im Modus des »Wohnens« lebt, das heißt, einer Regel und einer Lebensform folgt. Es kann jedoch kein Zweifel daran bestehen, dass das Zönobium den Versuch darstellt, Habit und Lebensform in einem allumfassenden, totalen *habitus* zusammenfallen zu lassen, bei dem zwischen Kleid und Lebensweise nicht mehr unterschieden werden kann. Allerdings sollte der die beiden Bedeutungen des Wortes *habitus* trennende Abstand, der niemals ganz zum Verschwinden gebracht werden konnte, die Definition des Mönchsstands mit seiner Ambiguität dauerhaft prägen.

א Das Nichtübereinstimmen des *habitus* als Kleid mit dem *habitus* als Lebensform des Mönchs bei Geistlichen haben schon die Kanoniker angeprangert: *Ut clerici, qui se fingunt habitu et nomine monachos esse, et non sunt, omnimode corrigantur atque emendentur, ut vel veri monachi sint vel clerici* (IVO VON CHARTRES, *Decretum*, PL, 161, 553). Sprichwörtlich wird diese Ambiguität in der italienischen Wendung: *L'abito non fa il monaco* (»Nicht der Habit macht den Mönch«) – oder umgekehrt, wie im Deutschen, wo es heißt: »Kleider machen Leute.«

1.7. Die Ordensregeln (insbesondere das erste Kapitel von Cassians *De institutis*) sind die ersten Texte der christlichen Kultur, in denen die Kleidung eine durch und durch moralische Bedeutung gewinnt. Dies ist umso bemerkenswerter, als sich der Klerus zu diesem Zeitpunkt noch nicht durch die Kleidung von den anderen Mitgliedern der Gemeinde unterscheidet. Wir besitzen einen Brief Coelestins I. aus dem Jahr 428, in dem der Pontifex die Geistlichen der gallo-römischen Kirche ermahnt, keine Unterschiede in der Kleidung einzuführen, insbesondere durch den Gürtel (*lumbos praecincti*, was auf einen Einfluss der Mönche schließen lässt, dem der Papst entgegenwirken wollte). Eine solche Unterscheidung widerspreche nicht nur der kirchlichen Tradition (*contra ecclesiasticum morem faciunt*). Der Papst erinnert auch daran, dass sich die Bischöfe von ihrem Volk »nicht durch das Kleid, sondern durch die Lehre; nicht durch den Habit, sondern durch die Lebensweise; nicht durch Eleganz, sondern durch die Reinheit des Geistes« unterscheiden sollen (*discernendi a plebe vel ceteris sumus doctrina, non veste; conversatione, non habitu; mentis puritate, non cultu*). Erst nachdem das Mönchtum das Kleid in einen *habitus* verwandelt hatte, in dem es von der Lebensweise nicht mehr zu unterscheiden war, sollte die Kirche (mit dem Konzil von Macon, 581) jenen Prozess in Gang setzen, der zur klaren Unterscheidung von klerikalem und säkularem Habit führen wird.

Selbstverständlich kam der Kleidung zu jeder Zeit eine moralische Bedeutung zu. In der christlichen Welt verknüpft die Erzählung der *Genesis* den Ursprung des Kleides mit dem Sündenfall Adams und Evas – bevor Gott sie aus Eden vertreibt, steckt er sie in Kleider aus Tierhäuten (*tunicae pelliciae*) als Sinnbild der Sünde. Doch erst mit dem Mönchtum kommt es zu einer systematischen Moralisierung jedes einzelnen Kleidungsstücks. Etwas dem Kapitel *De habitu monachorum* in Cassians *Institutiones* Vergleichbares begegnet uns erst wieder mit den großen liturgischen Trakta-ten des Amalarius, Innozenz' III. und Wilhelm von Mendes – und, im profanen Bereich, mit Konstantin VII. Porphyrogenitus' Buch über die Zeremonien am Kaiserhof. Ein Blick in Wilhelms *Rationale divinorum officiorum* genügt: Unmittelbar nach der Behandlung der Kirche und ihrer Minister beginnt das dritte Buch eine Analyse »der Gewänder und des Zierrats der Priester«, die, genauso wie bei Cassian, die symbolische Bedeutung jedes einzelnen Bestandteils des Priestergewands erläutert, für den man häufig die Entsprechung im Mönchshabit angeben kann. Bevor Wilhelm jedes einzelne Kleidungsstück ausführlich beschreibt, gibt er einen groben Überblick über das Gewand des Priesters:

Der Pontifex, der sich anschickt die Messe zu zelebrieren, legt das Alltagskleid ab und zieht das reine und heilige an. Zuerst Strümpfe und Sandalen, die an die Fleischwerdung des Herrn gemahnen. Dann legt er den *amictus* an, um die Bewegungen und Gedanken, den Mund und die Zunge im Zaum zu halten, auf dass sein Herz rein werde und sich sein Geist erneuere, der geradewegs in die Eingeweide fährt. Drittens, die *alba*, Symbol der Reinheit und der Standhaftigkeit. Viertens, der Gürtel, der den Ansturm der Wollust bändigt. Fünftens, die Stola, Zeichen des Gehorsams. Sechstens, die amethystfarbene Tunika, die für das himmlische Leben steht. Siebtens, zieht er die Dalmatik über, Sinnbild der heiligen Religion und der Kasteiung des Fleisches. Achtens hüllt er die Hände in Handschuhe (*cirothecae*), damit die Ruhmsucht verschwindet. Neuntens, der Ring, auf dass er die Braut liebt, wie sich selbst. Zehntens, die Kasel (*casula*, auch *planeta*), die Nächstenliebe bedeutet. Elftens, das Sudarium, auf dass durch die Buße alle Sünden der Schwäche und Unwissenheit abgewaschen werden. Zwölftens wirft er den Mantel über und wird so zum Nachfolger Christi, der unsere Schwächen auf sich genommen hat. Dreizehntens, die Mitra, damit er so handle, dass ihm die Krone der ewigen

Herrlichkeit gebührt. Vierzehntens, der Stab *(baculus)* als Zeichen der Autorität und der Lehre (WILHELM, S. 178).

In einem anderen Abschnitt werden die Kleidungsstücke des Priesters in der den Mönchen teuren militärischen Bildlichkeit zum Waffenarsenal im Kampf gegen das geistige Übel:

Erstens trägt der Priester Sandalen als Beinschienen, damit ihn kein Makel befleckt. Zweitens bedeckt er das Haupt mit dem *amictus* als Helm. Drittens umhüllt die *alba* seinen gesamten Körper wie eine Rüstung. Viertens dient ihm der Gürtel *(cingulum)* als Bogen und der *subcingulum*, der die Stola mit dem Gürtel verbindet, als Köcher. Fünftens windet sich die Stola um seinen Hals, als ob sie einen Speer gegen den Feind schleuderte. Sechstens dient ihm der Manipel als Keule. Siebtens deckt ihn die Kasel wie ein Schild, indes das Buch in der Hand einem Schwert gleicht *(ebd., S. 179)*.

In der Armut und Schlichtheit der den *habitus monachorum* betreffenden Vorschriften der Regeln kündigt sich die glorreiche Kodifizierung der liturgischen Gewänder bereits an. Beiden gemein ist es, Zeichen und Sakrament einer geistigen Realität zu sein: »Der Priester trägt dafür Sorge, kein Zeichen ohne Bedeutung und kein Kleid ohne Tugend zu tragen, damit er nicht einem Grabmal gleiche, das außen getüncht und im Innern voller Unflat ist« *(ebd.)*.

1.8. Wir haben uns daran gewöhnt, die chronometrische Gliederung menschlicher Zeit mit der Moderne und der Arbeitsteilung in den Fabriken in Verbindung zu bringen. Foucault konnte jedoch zeigen, dass bereits an der Schwelle zur industriellen Revolution gegen Ende des 17. Jahrhunderts die disziplinarischen Dispositive (Schulen, Kasernen,

Internate, erste königliche Manufakturen) damit begonnen hatten, die gleichmäßig verlaufende Zeit in aufeinander folgende oder gleichzeitig ablaufende Segmente zu unterteilen, um durch deren Rekombination bessere Ergebnisse zu erzielen. Und auch wenn Foucault in diesem Zusammenhang darauf hinweist, dass schon in den Klöstern die Zeit segmentiert wurde, ist man sich in der Regel nicht bewusst, dass fast fünfzehnhundert Jahre zuvor das Mönchtum in seinen Klöstern das Leben der Mönche – zu ausschließlich moralischen und religiösen Zwecken – einer Zeiteinteilung unterwarf, deren Strenge der antiken Welt unbekannt war und deren unerbittliche Absolutheit von keiner Institution der Moderne, die tayloristische Fabrik eingeschlossen, je erreicht worden wäre.

Bezeichnenderweise heißt in der orientalischen Tradition das Buch, das die Ordnung der kanonischen Offizien nach Tages- und Nachtstunden enthält, *horologium*. In seiner ursprünglichen Form geht es auf die Mönchsaskese Palästinas und Syriens um die Wende vom 7. zum 8. Jahrhundert zurück. Die Offizien des Gebets und der Psalmodie sind hier angeordnet wie eine »Uhr«, die den Gebetsrhythmus vorgibt: das Gebet zum Sonnenaufgang *(orthros)*, das Morgengebet (Prim, Terz, Sext und Non), das zur Vesper *(lychnikon)* und zur Mitternacht (das zu bestimmten Anlässen die ganze Nacht dauerte: *pannychis*). Das Bestreben, das Leben nach Stunden einzuteilen und die mönchische Existenz als ein *horologium vitae* einzurichten, erstaunt umso mehr, als nicht nur die damals vorhandenen Zeitmesser höchst primitiv waren, sondern auch die Stundeneinteilung selbst variierte. Der Tag und die Nacht wurden in zwölf Abschnitte *(horae)* unterteilt, von Sonnenuntergang bis Sonnenaufgang. Doch anders als heute hatte eine Stunde nicht sechzig Minuten. Abgesehen von den Tagundnachtgleichen schwankte ihre Dauer der Jahreszeit entsprechend: Im Sommer waren die Tagesstunden länger (zur Sommersonnenwende erreichten sie achtzig Minuten), im Winter entsprechend kürzer. Folglich war der Bet- und Arbeitstag im Sommer doppelt so lang wie im Winter. Im Übrigen funktionierten die Sonnenuhren, die zu dieser Zeit die Regel waren, nur tagsüber, bei wolkenlosem Himmel, die übrige Zeit war das Zifferblatt »blind«. Um so wichtiger war es, dass der Mönch unbeirrt seinem Offizium nachging: »Wenn es bewölkt ist«, heißt es in der *Magisterregel*, »und die Sonne ihre Strahlen vor der Welt verbirgt, sollen die Brüder, ob im Kloster, auf Reisen oder auf dem Feld, den Lauf der Zeit abschätzen, indem sie die Stunden im Geiste zählen *(perpensatione horarum)*, und welche Stunde es auch sei, wie gewöhnlich ihren Dienst verrichten, und selbst wenn er vor oder nach der genauen Stunde geleistet wird, wäre der Gottesdienst *(opus Dei)* nicht vernachlässigt worden, weil die Uhr ohne Sonne blind ist« (VOGÜÉ 2, II, S. 266). Cassiodor (6. Jahrhundert) teilt seinen Mönchen mit, dass er im Kloster eine Wasseruhr habe aufstellen lassen, damit man die Stunden auch nachts berechnen kann: »Wir wollten euch keinesfalls über die Stundenmesser *(horarum modulos)* in Unkenntnis lassen, die zum großen Nutzen der Menschen erfunden wurden. Deshalb wollten wir außer der Uhr, die mit Sonnenlicht funktioniert, noch eine weitere, hydraulische *(aquatile)*, die die Stundenlänge nicht nur tags, sondern auch nachts angibt« (*De institutione divinarum litterarum*, PL, 70, 1146 a-b). Vierhundert Jahre später wird Petrus Damiani von den Mönchen fordern, sich in lebende Uhren

zu verwandeln, die die Stunden nach der Dauer ihrer Psalmodien bemessen: »Will er die Tagesstunden berechnen,
muss sich der Mönch darin üben, sie mit seinem Gesang zu
messen, so dass, wenn Wolken den Himmel bedecken, die
regelmäßige Dauer seiner Psalmodien eine Art Uhr *(quoddam horologium)* bildet« (*De perfectione monachorum*, PL,
145, 315c-d).

Für die Einhaltung des Stundenrhythmus sorgten dem Abt
unterstellte, eigens dazu bestimmte Mönche, die Petrus
Damiani *significatores horarum* nennt und von Cassian
und der *Magisterregel* schlicht als *conpulsores* und *excitan-
tes* bezeichnet werden. Ihre Bedeutung kann nicht hoch
genug eingeschätzt werden: »Der Stundenzeiger muss wissen, dass im Kloster kein Versäumnis schwerer wiegt als
seines. Wenn er die Stunde einer Versammlung vorzieht
oder hinausschiebt, ist der gesamte Stundenablauf gestört«
(*ebd.*).

Die beiden Mönche, die in der *Magisterregel* die Aufgabe
haben, ihre Brüder, vor allem jedoch – durch ein sachtes
Ziehen an den Füßen, *mox pulsantes pedes*, Vogüé 2, II,
S. 172 – den Abt zu wecken, erfüllen eine so wichtige Funktion, dass die Regel ihnen den Ehrentitel »Wachhähne«
verleiht (»so groß ist der Lohn beim Herrn für die, die die
Mönche zum Gottesdienst wecken, dass sie die Regel, um
sie auszuzeichnen, *vigigallos* nennt« – *ebd.*, S. 170). Sie mussten über Uhren verfügen, die keines Sonnenlichts bedurf-
ten, um die Stunden anzuzeigen, denn wie man der Regel
entnehmen kann, war es ihre Aufgabe, die Uhr *(horelegium,*
wohl im Anschluss an die mittelalterliche Etymologie *quod
ibi horas legamus)* bei Tag und bei Nacht *(in nocte et in die –
ebd.)* nicht aus den Augen zu lassen.

1.9. Welche Instrumente auch immer der Zeitmessung dienten, sicher ist, dass das gesamte Leben des Mönchs von einer ebenso lückenlosen wie unerbittlichen Zeiteinteilung bestimmt war. Als Theodoros Studites die Leitung des Konstantinopler Klosters *Stoudion* übernahm, beschrieb er den Beginn des klösterlichen Tages wie folgt:

Nach der zweiten Nachtwache oder der sechsten Stunde, sobald die siebente Stunde beginnt, erschallt das Signal der Wasseruhr *(piptei tou ydrologiou to syssemon)*, und bei diesem Ton steht der Wecker *(afypnistes)* auf und geht mit der Lampe von Zelle zu Zelle, um die Brüder zum morgendlichen Lobpreis zu wecken. Augenblicklich schlagen die Hölzer hin und her, und während sich auf das Signal hin alle Brüder zum stillen Gebet im Narthex versammeln, beweihräuchert der Priester, das Turibulum schwenkend, das heilige Bema (*Descriptio constitutionis monasterii Studi*, PG, 99, 1703).

Das Zönobium ist also zunächst ein lückenloser Stundenplan des Daseins: Jedem Augenblick entspricht ein Offizium, sei es das des Gebets, der Lesung oder der Handarbeit. Zwar hatte schon die Urkirche eine Liturgie der Stunden ausgearbeitet, und in Fortführung der synagogalen Tradition schrieb die *Didache* den Gläubigen vor, sich dreimal am Tag zum Gebet zu versammeln. Die Hippolyt (3. Jahrhundert) zugeschriebene *Traditio apostolica* entwickelt diesen Gebrauch weiter, indem sie die Stundengebete mit Episoden aus dem Leben Jesu verknüpft. Das Gebet zur dritten Stunde (»denn in dieser Stunde wurde Christus ans Holz genagelt« – Hippolyt, S. 90), das zur sechsten und das zur neunten (»zu dieser Stunde vergoss die verletzte Seite Christi Wasser und Blut«) ergänzt Hippolyt um das Mitternachtsgebet (»wenn deine Frau bei dir ist und nicht gläubig«, heißt es im Text, »ziehe dich in ein anderes Zimmer zurück und bete« – S. 92) und das des Hahnenschreis (»wenn der Hahn kräht, erhebe dich und bete, denn zur Stunde des Hahnenschreis haben die Söhne Israels Christus verleugnet« – S. 96).

Neu am Zönobium ist, dass es die paulinische Weisung, unablässig zu beten (*adialeiptōs proseuchesthe*, 1Thess 5, 17), wörtlich nimmt und das gesamte Leben durch die Zeiteinteilung zum Amt macht. In *De oratione* fasst Origenes die Schlussfolgerung zusammen, die die patristische Tradition aus der Auseinandersetzung mit dieser apostolischen Weisung zog: »Wenn das Leben des Heiligen ein großes, unablässiges Gebet ist, muss ein Teil davon, nämlich das Gebet im engeren Sinn des Wortes, mindestens dreimal täglich dargebracht werden« (PG, 11, 452). Grundverschieden fiel die monastische Deutung aus. In Cassians Beschreibung der Einrichtungen der ägyptischen Väter, die ihm als vollkommenes Muster zönobitischen Lebens galten, heißt es:

Jene Gebete, die wir, durch das Zeichen des Rufers aufgefordert, dem Herrn zu bestimmten Stunden und in bestimmten Zeitabständen *(per distinctiones horarum et temporis intervalla)* darbringen, verrichten sie freiwillig ohne Unterlass *(iugiter)* den ganzen Tag hindurch in Verbindung mit der Arbeit. Unablässig widmen sie sich, ein jeder in seiner Zelle, der Handarbeit *(operatio manuum)*, ohne deshalb das Aufsagen von Psalmen und anderer Schrifttexte zu unterlassen. Damit verbinden sie in jedem Augenblick Bitten und Gebete und verbringen so den ganzen Tag mit jenen Gebetsdiensten, die wir nur zu festgesetzten Zeiten abhalten *(statuto tempore celebramus* – CASSIAN 1, S. 92).

Noch deutlicher wird Cassian in einer das Gebet betreffenden Vorschrift der »Unterredungen«, die beständiges Beten zur Grundbedingung mönchischen Lebens macht: »Alles, wonach der Mönch strebt, die Vollkommenheit seines Herzens, besteht in der beständigen und ununterbrochenen Beharrlichkeit im Gebet *(iugem atque indisruptam orationis perseverantia)*« (CASSIAN 2, S. 40), und die »erhabene Wissenschaft« des Zönobiums ist jene, die »uns lehrt, Gott beständig anzuhängen *(Deo iugiter inhaerere)*« *(ebd.*, S. 83).

In der *Magisterregel* muss die »heilige Kunst«, die der Mönch erlernt, »Tag und Nacht unablässig ausgeübt werden« (*die noctuque incessanter adinpleta* – VOGÜÉ 2, I, S. 372). Deutlicher kann man nicht sagen, dass das mönchische Ideal in der totalen Mobilmachung des Daseins durch die Zeit besteht. Während die kirchliche Liturgie die Feier des Gottesdiensts von der Arbeit und der Erholung trennt, betrachten die Ordensregeln, wie aus der zitierten Stelle der *Institutiones* Cassians unmissverständlich hervorgeht, die Handarbeit als integralen Bestandteil des *opus Dei*. Schon Basilius interpretiert den Satz des Apostels (»Ob ihr also esst oder trinkt oder etwas anderes tut: Tut alles zur Verherrlichung Gottes!« – 1 Kor 10,31) als Aufforderung, alle Tätigkeiten des Mönchs zu vergeistigen. Und er beschränkt sich nicht darauf, das Zönobium als Ausführung eines »Werkes Gottes« zu bezeichnen, sondern zieht gerne Beispiele aus dem handwerklichen Bereich heran: Wie der Schmied, während er auf das Eisen einschlägt, an den Willen des Auftraggebers denkt, so führt der Mönch »all sein Tun, ob es gering ist oder groß *(pasan energeian kai mikran kai meizona)*« mit größter Gewissenhaftigkeit aus, weil er darum weiß, den Willen Gottes zu tun (*Regulae fusius tractatae*, PG, 31, 921–923). Auch in dem Passus der *Magisterregel*, in dem der Gottesdienst eindeutig von körperlicher Arbeit (*opera corporalis* – Vogüé 2, II, S. 224) unterschieden wird, muss diese mit derselben Aufmerksamkeit ausgeführt werden wie jene: Während der Bruder arbeitet, muss er seine Augen auf die Arbeit richten und seinen Sinn mit dem beschäftigen, was er tut (*dum oculis in laboris opere figit, inde sensum occupat* – ebd., S. 222); es überrascht daher nicht, dass die *exercitia actuum*, die sich mit dem Gottesdienst abwechseln, wenige Zeilen später als »geistige Arbeit« (*spiritale opus* – S. 224) bezeichnet werden. Die so bewirkte Vergeistigung der Handarbeit kann als ein bedeutender Vorläufer jener protestantischen Arbeitsaskese betrachtet werden, deren Säkularisierung Max Weber zufolge zum Kapitalismus führte. Und wenn die christliche Liturgie, die in der Einrichtung des liturgischen Jahres und des *cursus horarum* gipfelt, sehr treffend als »Heiligung der Zeit« bezeichnet wurde, durch die jeder Tag und jede Stunde zum »Memorial der Werke Gottes und der Mysterien Christi« wird (Righetti, S. 1), dann kann man das zönobitische Projekt als Heiligung des Lebens durch die Zeit bestimmen.

Die lückenlose, als *perpensatio horarum*, das heißt als im Geist vollzogene Gliederung des Laufs der Zeit, verinnerlichte Stundeneinteilung ermöglicht es, wesentlich tiefer in das Leben Einzelner und der Gemeinschaft einzugreifen als durch die Selbstsorge der Stoiker und Epikureer. Wenn es heute für uns selbstverständlich ist, unsere Existenz nach Zeit- und Stundenplänen zu untergliedern und unser Innenleben nicht als eine Abfolge diskreter, heterogener, sich nach ethischen Kriterien und Übergangsriten bemessenden Zeiteinheiten zu betrachten, sondern als einen linearen, homogenen Zeitablauf, dürfen wir nicht vergessen, dass das

Leben und die Zeit erstmals im klösterlichen *horologium vitae* konsequent aufeinander bezogen, wenn nicht gar zur Deckung gebracht wurden.

1.10. Der Terminus technicus für diese Vermischung, ja Hybridisierung von Handarbeit und Gebet, von Leben und Zeit lautet in der monastischen Literatur *meditatio*. Wie Bacht zeigen konnte, hat dieser Begriff nichts mit Meditation im modernen Sinne zu tun. Vielmehr bezeichnet er ursprünglich den – allein oder gemeinsam vollzogenen – Vortrag der Heiligen Schrift, der im Unterschied zur Lesung *(lectio)* aus dem Gedächtnis erfolgt. In der Pachomiusvita nennt Abt Palamon, an den sich der künftige Klostergründer gewendet hat, um ins Mönchtum eingeweiht zu werden, als wichtigste Pflicht neben dem Fasten das unablässige Meditieren: »Ich bleibe die halbe Nacht unter Gebet und Meditation der Worte Gottes wach« (BACHT, I, S. 250). In der Regel des Horsiesius, des Nachfolgers von Pachomius, wird die Meditation als »ein reicher Vorrat von auswendig gelernten Texten« (*ebd.*, S. 249) bezeichnet. Hatte man zur Nachtzeit nicht genügend meditiert, war die »Meditation« von mindestens zehn Psalmen vorgeschrieben (*ebd.*).
Bekanntlich verbreitet sich seit dem 4. Jahrhundert die Praxis des leisen Lesens, die Augustinus mit Erstaunen bei seinem Lehrer Ambrosius zur Kenntnis nimmt. »Wenn er las«, schreibt Augustinus (*Conf.*, 6, 31), »glitten die Augen über die Seiten und das Herz spürte nach dem Sinn, Stimme und Zunge aber ruhten«. Die *meditatio* ist die Fortsetzung dieser Praxis, ohne noch der *lectio* zu bedürfen, da der Text nunmehr aus dem Gedächtnis abrufbar ist zur unablässi-

gen und wenn nötig einsamen Rezitation, die so den gesamten Tag des Mönchs begleiten und zeitlich unterteilen und sich mit jeder seiner Gesten und Handlung untrennbar verbinden kann. »Bei der Arbeit *(operantes)* sollen sie«, wie es in der Pachomiusregel heißt, »nicht über profane Dinge sprechen, sondern über die heiligen Worte meditieren oder schweigen« (BACHT, II, S. 98). »Sobald er den Klang der Tuba hört, die zur *collecta* ruft, verlässt er umgehend seine Zelle und meditiert etwas aus der Schrift *(de scripturis aliquid meditans)*, bis er die Tür des Versammlungsraums erreicht hat« *(ebd.,* S. 82). In der bereits zitierten Cassianstelle sind die Handarbeit und die »*meditatio* der Psalmen und der anderen Schrifttexte« nicht voneinander zu trennen. Im selben Sinn schreiben die Regeln des Horsiesius vor, dass »wir, wenn man die *collecta* entlässt, meditieren wollen, bis wir in unsere Häuser gelangen. Niemand soll beim Verlassen der *collecta* mit seinem Nächsten reden. Selbst wenn es sich um Angelegenheiten des Klosters handelt«. Erklärend fügen sie hinzu, dass nur so »die Gebote des Lebens *(praecepta vitalia)*« befolgt werden *(ebd.,* I, S. 249).

Perpensatio horarum und *meditatio* sind die beiden Dispositive, die, lange vor der kantischen Entdeckung, die Zeit tatsächlich zur Form des inneren Sinns gemacht haben: Der minuziösen zeitlichen Regulierung jeder äußeren Handlung entspricht eine ebenso genaue zeitliche Skandierung der inneren Rede.

1.11. Der Ausdruck »Gebote des Lebens«, der sich erstmals in Hieronymus' Übersetzung der Pachomiusregel findet *(haec sunt praecepta vitalia nobis a maioribus tradita –*

ebd., II, S. 83), gewinnt nur dann seine ganze Bedeutung, wenn man begreift, dass er sich auf die Regel als das bezieht, was durch Meditationspraxis, Zeiteinteilung und unablässiges Gebet nicht mit der Befolgung einzelner Vorschriften, sondern mit dem gesamten Leben des Mönchs zusammenfällt – insofern widersprechen sie stillschweigend den *praecepta legalia* des Judentums. Insofern ist die Meditation, die jede beliebige Tätigkeit begleiten kann, auch das Dispositiv, mittels dessen der totalitäre Anspruch der monastischen Einrichtung verwirklicht werden kann.

Entscheidend ist jedoch, dass Regel und Leben in eine Zone der Unentscheidbarkeit treten. Eine Regel, die nicht einzelne Handlungen und Ereignisse, sondern die gesamte Existenz, die *forma vivendi* eines Individuums betrifft, ist nicht mehr leicht als Recht erkennbar, so wie ein Leben, das in Gänze von einer Regel, bestimmt wird, nicht mehr Leben im eigentlichen Sinn ist. Annähernd achthundert Jahre später wird Stephan von Tournai, sich der pachomianischen Formel *praecepta vitalia* erinnernd, hinsichtlich der Grandmontiner folgende Überlegung anstellen: Da das »Büchlein« *(libellus)*, das ihre Konstitutionen enthält, »von diesen nicht Regel, sondern Leben genannt wird *(non regula appellatur ab eis, sed vita)*«, müssten sie, um sie von denjenigen zu unterscheiden, die man, da sie eine Regel befolgen, als »Regulierte« *(regulares)* bezeichnet, eigentlich *vitales* (»von wahrem Leben Erfüllte; ein wahres Leben Lebende«) genannt werden (Ep. 71, PL, 211, 368). Wie die Vorschriften, die nicht mehr vom Leben des Mönchs unterschieden werden können, ihren »rechtlichen« Charakter verlieren, so sind die Mönche selbst nicht mehr »Geregelte«, sondern »von Leben Erfüllte«.

א In Bernhards *Scala claustralis* besteht die Leiter, »durch die die Mönche von der Erde in den Himmel hinaufgeführt werden«, aus vier Stufen: der Lesung *(lectio)*, die »gleichsam die feste Speise zum Mund führt«, der Meditation, die sie »kaut und zerkleinert« *(masticat et frangit)*, dem Gebet *(oratio)*, das »sie schmeckt«, und der Kontemplation, die »die erquickende und beglückende Süßigkeit selbst ist« (PL, 184, 475).

Günter Bader hat gezeigt, dass im frühen Mönchtum das Lesen als das Heilmittel schlechthin gegen jenes schreckliche Übel galt, das Mönche und Anachoreten quälte: die Acedia. Allerdings ist diese anthropologische Katastrophe, die über die *homines religiosi* jederzeit hereinbrechen konnte, aufgrund einer bemerkenswerten Zirkularität zugleich auch das, was am Lesen hindert. Im Traktat *De octo spiritibus malitiae* des hl. Nilus (Kap. XIV) heißt es, dass der von der Acedia befallene Mönch »beim Lesen unruhig innehält, um nur Augenblicke später in den Schlaf zu sinken; er reibt sich das Gesicht mit den Händen, spreizt die Finger und liest, nachdem er die Augen kurz vom Buch abgewendet hat, einige Zeilen fort, indem er jedes Wortende vor sich hinmurmelt; indessen beschäftigt er seinen Kopf mit müßigen Berechnungen, zählt die Seiten und Blätter der Hefte; die Buchstaben und schönen Miniaturen, die er vor Augen hat, werden ihm derart zuwider, dass er das Buch zu guter Letzt zuklappt und es, in einen kurzen, schweren Schlaf fallend, als Kopfkissen benutzt ...«

In der Antoniusanekdote, die Evagrius erzählt, erweist sich die Überwindung der Acedia als ein Zustand, in dem die Natur zum Buch und das Mönchsleben zur Bedin-

gung totaler, lückenloser Lesbarkeit wird: »Zum ge-
rechten Antonius kam einer der Weisen von damals und
sprach: ›Wie, Vater, kannst du es aushalten, des Trostes
aus Büchern beraubt?‹ Der aber antwortete: ›Mein Buch
[…] ist die Natur des Seienden und dies ist mir zur
Hand, sobald ich die Worte Gottes lesen will‹« (BADER,
S. 14–15). Das vollkommene Leben fällt mit der Lesbarkeit der Welt zusammen, die Sünde mit dem Nichtlesen-
können, ihrem Unlesbarwerden.

2. Regel und Gesetz

2.1. Umso dringlicher wird es nun, die Frage nach der rechtlichen Natur der Ordensregeln zu stellen. Obgleich sie die Vorschriften des Klosterlebens in ihren Sammlungen berücksichtigt haben, fragten sich schon die Juristen und die Kanoniker, ob das Recht auf ein so eigentümliches Phänomen überhaupt angewendet werden kann. So gibt Bartolus in seinem *Liber minoriticarum* mit Blick auf die Franziskaner im selben Atemzug, in dem er feststellt, dass sich die *sacri canones* mit ihnen beschäftigt haben (*circa eos multa senserunt*, die venezianische Ausgabe von 1575 gibt hingegen *sanxerunt*, »sanktioniert, gesetzlich festgelegt«), unumwunden zu, dass »ihr Leben von so großer Ungewöhnlichkeit war *(cuius vitae tanta est novitas)*, dass man das *corpus iuris civilis* nicht auf es anwenden konnte *(quod de ea in corpore iuris civilis non reperitur authoritas)*« (BARTOLUS, S. 190 *v*). Und auch die *Summa aurea* des Hostiensis spricht von der Schwierigkeit, den *status vitae* der Mönche in den Geltungsbereich des Rechts einzubeziehen *(non posset de facili status vitae ipsorum a iure comprehendi)*. Auch wenn die Gründe für das Unbehagen je andere sind – für Bartolus die franziskanische Ablehnung jeden Eigentumsrechts, für Hostiensis die Vielzahl und Verschiedenartigkeit der Regeln *(diversas habent institutiones)* –, die Verlegenheit der Juristen schuldet sich der eigentümlichen Neigung des Klosterlebens, sich mit der Regel zu vermischen.

Yan Thomas hat gezeigt, dass sich in der Tradition des

römischen Rechts die Rechtsnorm niemals unmittelbar auf das Leben als umfassende biographische Wirklichkeit bezieht, sondern ausschließlich auf die Rechtsperson als abstraktes Zurechnungszentrum einzelner Taten oder Vorkommnisse. »Sie [die Rechtsperson] dient der Maskierung der konkreten Individualität durch eine abstrakte Identität, zwei Modalitäten des Subjekts, deren Zeiten sich nicht vermischen können, da die eine biographisch, die andere statuarisch ist« (Thomas, S. 136). Die Blüte der Ordensregeln seit dem 5. Jahrhundert und deren minuziöse Reglementierung des Daseins bis ins kleinste Detail, die *regula* und *vita* tendenziell ununterscheidbar werden lässt, sind Thomas zufolge ein der römischen Rechtstradition und dem Recht *tout court* wesentlich fremdes Phänomen: »›Vita vel regula‹, das Leben oder die Regel, das heißt das Leben als Regel. Das ist das Register – und gewiss nicht das des Rechts –, in dem die Legalität des Lebens als verkörpertes Gesetz gedacht werden kann« (*ebd.*). Man kann jedoch, wie einige dies getan haben, Thomas' Einsicht auch in die entgegengesetzte Richtung weiterdenken und die Ordensregeln als Ausarbeitung einer Normierungstechnik betrachten, die es ermöglichte, das Leben als solches zum Rechtsgegenstand zu machen (Coccia, S. 110).

2.2. Eine Textanalyse der Regeln zeigt, dass ihr Verhältnis zur Sphäre des Rechts zumindest widersprüchlich ist. Denn einerseits geben sie nicht nur sehr bestimmt Verhaltensregeln im eigentlichen Sinn vor, sondern enthalten oft auch ein ausführliches Verzeichnis der Strafen, die den Mönchen drohen, wenn sie gegen jene verstoßen; andrerseits schärfen sie den Mönchen ebenso nachdrücklich ein, die Regeln nicht als rechtliches Dispositiv zu betrachten. »Der Herr gebe«, wie es im Schlusskapitel der Augustinusregel heißt, »dass ihr dies alles freudig befolgt, [...] nicht wie Knechte unter dem Gesetz, sondern wie Freie unter der Gnade *(ut observetis haec omnia cum dilectione, [...] non sicut servi sub lege, sed sicut liberi sub gratia constituti)«* (*Regula ad servos Dei*, PL, 32, 1377). Auf die Frage eines Mönchs, wie er sich seinen Schülern gegenüber verhalten solle, antwortet Palamon, der legendäre Lehrer des Pachomius: »Sei ihnen Vorbild *(typos)*, nicht Gesetzgeber *(nomothētes)«* (*Apophtegmata patrum*, PG, 65, 563). Im selben Sinn mahnt Mar Abraham im Rahmen der Darlegung der Regel seines Klosters, uns nicht als »Gesetzgeber, weder unserer selbst, noch der anderen« zu betrachten (*non enim legislatores sumus, neque nobis neque aliis* – vgl. MAZÓN, S. 174).

In aller Deutlichkeit tritt diese Ambiguität in den *Praecepta atque iudicia pacomiani* hervor: Sie beginnen mit der entschieden antilegalistischen Aussage *plenitudo legis caritas* [»die Fülle des Gesetzes [ist] die Liebe«], um unmittelbar darauf eine Reihe von Straftatbeständen aufzuzählen (BACHT, II, S. 255). Derartige Kasuistiken finden sich in den Regeln sehr häufig. Mal stehen sie in unmittelbarem Zusammenhang mit den Vorschriften oder werden in besonderen Abschnitten der Regel zusammengefasst (das 13. und 14. Kapitel der *Magisterregel* oder die Kapitel 23 bis 30 der Regel des hl. Benedikt), mal bilden sie eigenständige Texte (wie in den zitierten *Praecepta atque iudicia* oder in den *Poenae monasteriales* des Theodoros Studites).

Einen Überblick über das, was man als das monastische Strafsystem bezeichnen könnte, liefern die Kapitel 30 bis 37 der *Concordia regularum*, in der Benedikt von Aniane die alten Regeln nach Themen aufgeschlüsselt hat. Die Strafe schlechthin ist die *excommunicatio*, also der völlige oder teilweise Ausschluss vom Gemeinschaftsleben für einen der Schwere der Schuld entsprechenden Zeitraum. »Hat sich ein Bruder nur leichterer Verfehlungen schuldig gemacht«, heißt es in der Benediktsregel, »so werde er von den gemeinsamen Mahlzeiten ausgeschlossen *(a mensae participatione privetur)* […]. Im Oratorium darf er weder einen Psalm noch eine Antiphon mit den anderen anstimmen noch eine Lesung vortragen, bis zur Verbüßung seiner Strafe. Das Essen erhalte er allein nach der Mahlzeit der Brüder […], bis er nach entsprechender Buße Verzeihung erlangt« (Pricoco, S. 188). Schwere Vergehen wurden mit dem Verbot jeglichen Kontakts zu den Brüdern geahndet. Diese hatten den Schuldigen völlig zu ignorieren: »Niemand segne ihn, und auch die Speise, die er erhält, werde nicht gesegnet. […] Sollte ein Bruder es wagen, ohne Erlaubnis des Abts mit einem exkommunizierten Bruder zu verkehren oder zu reden oder ihm eine Mitteilung zukommen zu lassen, soll er ebenfalls der Exkommunikation verfallen« (*ebd.*, S. 191). Im Wiederholungsfall ging man zur Anwendung körperlicher Strafen über, im äußersten Fall kam es zum Ausschluss aus dem Kloster: »Wenn sich die exkommunizierten Brüder als so hochmütig erweisen, dass sie im Stolz ihres Herzens verharren und dem Abt keine Genugtuung leisten wollen, werden sie am dritten Tag zur neunten Stunde eingekerkert und bis aufs Blut gegeißelt und, wenn es der Abt für tunlich hält, des Klosters verwiesen« (Vogüé 2, II, S. 46). In einigen Klöstern schien sogar eine als Gefängnis dienende Räumlichkeit *(carcer)* vorgesehen zu sein, in die jene weggeschlossen wurden, die sich der schlimmsten Vergehen schuldig gemacht hatten: »Der Mönch, der Kinder oder Jugendliche belästigt«, heißt es in der Regel des Fructuosus, »wird in Eisenketten gelegt und mit sechs Monaten Gefängnis bestraft *(carcerali sex mensibus angustia maceretur)*« (OHM, S. 149).

Und dennoch ist nicht nur die Strafe kein hinlänglicher Beweis für den rechtlichen Charakter einer Vorschrift, auch die Regeln selbst legen nahe, dass die Bestrafung der Mönche – in einer Zeit, in der die Strafen in der Regel affliktiv waren – eine wesentlich moralische und bessernde Funktion hatte, vergleichbar einer vom Arzt verordneten Behandlung. So verbindet die Benediktsregel ihre Ausführungen zur Strafe der Exkommunikation mit der Mahnung, dass der Abt für die exkommunizierten Brüder besondere Sorge tragen soll:

Größte Sorge trage der Abt für schuldig gewordene Brüder, denn nicht die Gesunden bedürfen des Arztes, sondern die Kranken. Deshalb muss er wie ein kluger Arzt alle Heilmittel anwenden und ihnen Senfpflaster schicken, das heißt alte, erfahrene Brüder, die den wankelmütigen Bruder ganz unvermerkt trösten, zu demütiger Buße anspornen und ihn aufrichten, damit er nicht in maßlose Traurigkeit sinke (PRICOCO, S. 193).

Dieser medizinischen Metapher entspricht bei Basilius, dass er die Gehorsamspflicht nicht in den Horizont eines Rechtssystems stellt, sondern in das neutralere Umfeld der Regeln einer *ars* oder Technik. »Demjenigen, der zur Ausübung der Künste zugelassen wird«, heißt es im »der Autorität und dem Gehorsam« gewidmeten 41. Kapitel der Regel, »ist nicht erlaubt, das zu erlernen, was ihm sein Wille eingibt, sondern das, wozu er tauglich befunden wird. Der Mönch, der sich selbst verleugnet und allen seinen Eigenwillen abgelegt hat, tut nicht, was er will, sondern was ihm vorgeschrieben wird. […] Übt jemand eine Handwerkskunst aus, die bei der Gemeinschaft Gefallen findet, so darf er sie nicht aufgeben, denn es zeugt von Unbeständigkeit und Willensschwäche, den anstehenden Aufgaben keine Beachtung zu zollen; übt er keine aus, so soll er sich selbst keine wählen, sondern die übernehmen, die von den Alten gutgeheißen wird, damit er in allem den Gehorsam beobachte« (*Regulae fusius tractatae*, PG, 31, 1022).

In der *Magisterregel* wird das Bild, das sich bei Basilius lediglich auf die Handarbeit der Mönche bezog, zur Metapher, die für das gesamte Leben und die Disziplin des Mönchs steht, die bemerkenswerterweise als die Erlernung und Ausübung einer *ars sancta* verstanden wurden. Nachdem sie alle geistlichen Vorschriften, die der Abt lehren soll, aufgezählt hat, schließt die Regel: »Dies ist die heilige Kunst, die wir mit den geistlichen Werkzeugen ausüben müssen *(ecce haec est ars sancta, quam ferramentis debemus spiritalibus operari)*« (Vogüé 2, I, S. 372). Die gesamte Begrifflichkeit der Regel stammt aus diesem technischen Register, das an das Vokabular der spätantiken und mittelalterlichen Schulen und Werkstätten erinnert. Das Kloster wird als *officina divinae artis* bezeichnet: »Das Kloster ist die Werkstatt, in der die in die Klausur des Körpers gelegten Werkzeuge des Herzens das Werk der göttlichen Kunst vollbringen können« (*ebd.*, S. 380). Der Abt ist der *artifex* einer Kunst, deren »Dienst nicht von ihm selbst, sondern vom Herrn vollendet wird« (S. 362). Und auch der Terminus *magister*, der den Sprecher im Text bezeichnet, bezieht sich aller Wahrscheinlichkeit nach auf den Meister einer *ars*. Unmissverständlicher kann man nicht sagen, dass die Vorschriften, die der Mönch befolgt, eher den Regeln einer Kunst als einem rechtlichen Dispositiv gleichen.

א Das Paradigma der *ars* hat einen nicht unwesentlichen Einfluss darauf ausgeübt, wie die Mönche nicht nur die Regeln, sondern auch ihre Tätigkeit aufgefasst haben. So vergleicht Cassian in den *Conlationes* die Profess des Klosterlebens mit dem Erlernen einer Kunst: »Wer immer Geschicklichkeit in einer Kunst erlangen will«, heißt es dort mit Blick auf jene, die sich dem Klosterleben anschließen wollen, »der wird, wenn er nicht mit aller Sorgfalt und Wachsamkeit sich dem Studium der Kunst, die er erlernen möchte, widmet und die Anweisungen und Regeln der vollkommenen Meister dieser Kunstfertigkeit einhält, vergebens die Ähnlichkeit mit jenen zu erreichen trachten, deren Sorgfalt und Eifer er nachzuahmen verschmäht« (CASSIAN 2, S. 12).

Dass sich die Theologie eines ähnlichen Vergleichs mit den Künsten – sowohl mit den *artes in effectu*, die in einem Werk aufgehen, als auch mit den *artes actuosae*, wie dem Tanz oder dem Theater, die ihren Zweck in sich selbst haben – bediente, um den Status der liturgischen Handlung zu bestimmen, haben wir an anderer Stelle gezeigt (vgl. AGAMBEN 1, II, 8).

Insofern ist das Kloster der Ort, wo zum ersten Mal das Leben selbst – und nicht nur die asketischen Techniken, die es formen und ausrichten – als Kunst praktiziert wurde. Es wäre jedoch falsch, diesen Vergleich mit der Kunst als Ästhetisierung der Existenz zu verstehen. Er deutet vielmehr auf das hin, was Michel Foucault in seinen späten Schriften vorgeschwebt zu haben scheint: ein durch unablässige Praxis bestimmtes Leben.

2.3. Die Eigentümlichkeit der monastischen Vorschriften und ihrer Übertretung tritt in einer im *Vaticanus Graecus 2091* überlieferten Anekdote aus dem Leben des Pachomius in aller Deutlichkeit hervor. Laut Vogüé, der auf diesen Text aufmerksam gemacht hat, geht sie auf eine ältere Fassung der Pachomiusbiographie, ein Zeugnis aus den Anfängen des orientalischen Zönobitentums zurück. Die Anekdote berichtet, dass im Verlauf eines Streits ein Bruder einen anderen geschlagen hatte, der die Tätlichkeit erwiderte und zurückschlug. Pachomius lässt die beiden Mönche vor der versammelten Gemeinschaft antreten. Nachdem er sie verhört und ihr Geständnis erhalten hat, jagt er den, der zuerst zugeschlagen hat, fort und exkommuniziert den anderen für eine Woche. »Als der erste Bruder aus dem Kloster geschafft wurde, trat ein ehrwürdiger Alter von achtzig Jahren mit dem Namen Gnositheos, der, wie aus seinem Namen hervorgeht, die Erkenntnis Gottes besaß, aus der Mitte der Brüder hervor und rief: ›Auch ich bin ein Sünder und gehe mit ihm. Wenn jemand ohne Sünde ist, dann bleibe er hier.‹ Einmütig folgten alle Brüder dem Alten und sagten: ›Auch wir sind Sünder und gehen mit ihm.‹ Als der selige Pachomius sie alle fortgehen sah, lief er zu ihnen, warf sich vor ihnen mit dem Gesicht auf den Boden, bedeckte sein Haupt mit Staub und bat alle um Verzeihung.« Nachdem alle Brüder, der Schuldige eingeschlossen, zurückgekehrt waren, dachte Pachomius bei sich: »Wenn Mörder, Ehebrecher und dergleichen Sünder im Kloster Zuflucht suchen, um hier durch Buße ihr Heil zu erlangen, wer bin ich, einen Bruder zu verjagen?« (VOGÜÉ 3, S. 93 f.). Eine ähnliche Episode, in deren Mittelpunkt der Abt Bessarion steht, ist in den *Apophthegmata patrum* überliefert (PG, 65, 141B), und auch die Regel des Isidor (Kap. XV) unterstreicht, dass der straffällig gewordene Mönch nicht des Klosters verwiesen werden soll, »damit derjenige, der durch anhaltende Buße vielleicht gebessert werden kann, vom Teufel verschlungen werde, wenn er ausgestoßen würde«.

Spätestens hier wird deutlich, dass die Bestrafung durch den Abt nur auf den ersten Blick einem Strafprozess ähnelt.

2.4. Cándido Mazón hat der Frage nach der rechtlichen Natur der Klosterregeln eine Monographie gewidmet. Nach einer ausführlichen Untersuchung sowohl östlicher als auch westlicher Regeltexte gelangt er zu dem Schluss, dass sie »keine wirklichen Gesetze oder Vorschriften im strengeren Sinn des Wortes waren«, jedoch ebenso wenig als »bloße Empfehlungen« verstanden werden können, »die den Mönchen die Entscheidung überlassen, ob sie sie befolgen oder nicht« (MAZÓN, S. 171). Mazón zufolge handelt es sich um Normen »eminent direktiven Charakters«, deren Zweck nicht so sehr darin bestand, Pflichten »aufzuerlegen«, als vielmehr »den Mönchen die Verpflichtungen zu erklären und aufzuzeigen, die sie mit dem Gelöbnis der mönchischen Lebensweise eingegangen waren« (*ebd.*).

Die Lösung ist so unbefriedigend, dass der Autor, der sich weder für die Position derer, die die rechtliche Natur der Regeln behaupten, noch für die derjenigen, die sie als bloße Ratschläge verstehen, zu entscheiden vermag, sie als eine Art Hybrid betrachtet, als »etwas, das über eine Empfehlung hinausgeht, ohne jedoch zu einem Gesetz im eigentlichen Sinn zu werden« (*ebd.*, S. 312).

Mit dieser nicht gerade entschiedenen These findet der Autor die Kompromisslösung für eine Frage, über die in der Scholastik vom 12. bis zum 16. Jahrhundert erbittert gestritten wurde. Hier ist nicht der Ort, diese Debatte, in der es um die Frage der Verbindlichkeit der Regeln ging und an der unter anderem Bernhard von Clairvaux, Humbert von Romans, Heinrich von Gent, Thomas von Aquin und Suárez beteiligt waren, historisch zu rekonstruieren. Wir wollen uns auf drei Momentaufnahmen beschränken, in denen das Problem auf je eigene Weise gestellt und gelöst wird und so dessen grundlegende Aspekte beleuchtet werden.

Den ersten Moment markiert Humbert von Romans' Kommentar der Augustinusregel, insbesondere des Satzes *haec igitur sunt quae ut observetis praecipimus in monasterio constituti*, mit dem Augustinus seine Vorschriften einleitet. Die Frage, die Humbert gleich zu Beginn in der traditionellen Form einer *quaestio* stellt, lautet, »ob alles, was in der Regel enthalten ist, *in praecepto* (das heißt verbindlich) sei« (Romans, S. 10). Es geht also um die Frage, in welchem Verhältnis *regula* und *praeceptum* zueinander stehen. Denkt man dieses Verhältnis als Koinzidenz, dann ist alles, was in der Regel enthalten ist, Vorschrift: Das ist der Standpunkt jener, die, wie sich Humbert ausdrückt, meinen, dass das Demonstrativpronomen *haec* im Satz des Augustinus, »alles bezeichnet, was in der Regel ist« (*demonstrat omnia quae sunt in regula* – *ebd.*). Dieser rigoristischen – von Heinrich von Gent verfochtenen – These setzt Humbert den Standpunkt derjenigen entgegen, die das Nichtübereinstimmen von Regel und Vorschrift behaupten, sei es in dem Sinn, dass nicht die Befolgung der einzelnen Vorschriften, sondern die der Regel im Allgemeinen verbindlich ist *(observantia regulae est in praecepto, sed non singula quae continentur in regula)*, sei es in dem Sinn – und diese These vertritt Humbert selbst –, dass es in der Absicht des Heiligen lag, zur Befolgung der drei wesentlichen Gebote, also des Gehorsams, der Keuschheit und der Demut zu verpflichten, nicht zu allem, was zur Vollkommenheit des Mönchs beiträgt. Wie nämlich im Evangelium unterschieden werden muss zwischen solchen Vorschriften, die sowohl die Form als auch die Intention eines Gebots haben *(modum et intentionem praecepti)*, wie das Gebot gegenseitiger Liebe, solchen, die ihrer Intention, jedoch nicht ihrer Form nach Gebote sind (wie das Gebot, nicht zu stehlen), und solchen, die es zwar der Form nach, nicht aber der Intention nach sind, so muss man auch davon ausgehen, dass ein weiser Mann wie Augustinus »auch wenn er in der Weise des Gebots spricht, nicht alles für verbindlich erklären wollte und so zur Verdammnis derer Anlass zu geben, die sich der Regel unterworfen haben, um das Heil zu erlangen« (S. 13). In einem anderen Text fasst Humbert die drei verbindlichen Gebote Gehorsam, Keuschheit und Demut in der Formel der *tria substantialia* zusammen. Mit ihr wird auch seine These von der Mehrheit der Theologen und Kanoniker übernommen. In seinem Kommentar zum dritten Buch der Dekretalen formuliert Hostiensis sie wie folgt: »Die Regel ist verbindlich *(in praecepto)*, doch was sie über die Befolgung der Regel sagt, muss so verstanden werden, dass es sich auf die drei *substantialia* bezieht. Alles andere, was die Regel enthält, ist unseres Erachtens nicht verbindlich, denn andernfalls würde wohl kaum ein Mönch aus vieren das Heil erlangen« (MAZÓN, S. 198).

2.5. Eine andere Fragestellung nach der Verbindlichkeit der Regel betrifft nicht das Verhältnis, in dem Regel und Vorschrift zueinander stehen, sondern die Natur der Pflicht selbst, die *ad culpam* sein kann, wenn deren Übertretung eine Todsünde bedeutet, oder *ad poenam*, wenn deren Übertretung durch eine Strafe abgegolten werden kann. In diesem Zusammenhang erhält die Frage nach dem rechtlichen (genauer: gesetzlichen) Charakter der Regeln ihre technische Form.

Die Frage, ob es eine reine Strafgesetzgebung geben kann, wird erstmals von Heinrich von Gent aufgeworfen. Hierfür wählt er die kanonische Form einer *quaestio*, die fragt, »ob man Strafbestimmungen übertreten kann, ohne eine Sünde zu begehen, vorausgesetzt, dass die für ihre Übertretung festgesetzte Strafe verbüßt wird« (*ebd.*, S. 247). Als Beispiel dient eine Mönchsregel, die verbietet, nach der Komplet zu sprechen. Das Verbot kann auf zweierlei Weise formuliert werden. Entweder indem zuerst das Verbot aufgestellt wird *(nullus loquatur post Completorium)*, dem eine Strafbestimmung folgt *(si aliquis post Completorium loquatur, dicat septem Psalmos poenitentiales)*, oder indem Observanz und Strafe gemeinsam formuliert werden *(quicumque loquatur post Completorium dicet septem Psalmos poenitentiales)*. Lediglich im zweiten Fall und wenn kein Zweifel daran besteht, dass es nicht die Absicht des Gesetzgebers war, jede Möglichkeit der Übertretung auszuschließen, sondern nur dafür zu sorgen, dass die Übertretung nicht ohne vernünftigen Grund geschieht, kann von einer Über-

tretung ohne Schuld und folglich von einem reinen Strafge-
setz gesprochen werden.

Bezeichnenderweise sollte das Problem der Gesetzhaftig-
keit der religiösen Regeln, das Heinrich von Gent nur
angedeutet hatte, erst in der Spätscholastik des 16. Jahrhunderts zu einer zentralen Frage werden. Zwei Parteien
standen sich gegenüber: jene, die wie Petrus von Aragón
behaupteten, dass die Regeln der Religiosen keine wirklichen Gesetze seien, da ein Gesetz sowohl *ad culpam* wie
ad poenam verpflichtet, sondern eher als Ermahnungen
oder Ratschläge betrachtet werden müssen (*proprie loquen-
do non sunt leges, sed potius quaedam decreta hominum
prudentum, habentia vim magis consilii quam legis* (*ebd.*,
S. 269) und jene, die wie Suárez die Ansicht vertraten, dass
die Regeln keine Empfehlungen, sondern Gesetze im eigentlichen Sinn des Wortes seien, weil Gesetze auch reine
Strafbedingungen sein können (*item quia sunt actus iuris-
dictionis et superioris imponenti necessitatem aliquam sic
operandi, ergo excedunt rationem consilii* – S. 282).

2.6. Die Frage nach dem Zusammenhang von Regel und
Recht wird dadurch kompliziert, dass ab einem gewissen
Zeitpunkt die Profess des Mönchslebens mit der Ablegung
eines Gelübdes verbunden wurde. Das Gelübde ist ein Insti-
tut, das wie der Schwur wahrscheinlich jener archaischen –
von Gernet fälschlich als »Vor-Recht« bezeichneten – Sphäre angehört, in der Recht und Religion nicht unterschieden
werden können. Seine wesentlichen Eigenschaften sind uns
aus römischen Zeugnissen bekannt, in denen es als eine
Form der Weihung (*sacratio*) auftaucht. Als deren erstes
Beispiel gilt die *devotio*, mit der der Konsul Decius Mus am

Vorabend der entscheidenden Schlacht sein Leben den Göttern der Unterwelt weihte, um Rom den Sieg zu sichern. Gegenstand der Weihung ist auch das Opfer, das in der Hoffnung auf die Erfüllung eines Wunsches getötet wird.

In der römischen Religion ist das Gelübde – wie Benveniste schreibt – Gegenstand strenger Vorschriften. Es bedarf zunächst der *nuncupatio*, des feierlichen Aussprechens von Gelöbnissen, damit die »Devotion« von den Vertretern des Staates und der Religion in feierlicher Form angenommen wird. Dann muss das Gelübde formuliert werden, *votum concipere*, wobei man sich an ein bestimmtes Muster zu halten hatte. Die Formel, deren Formulierung dem Priester oblag, musste der Gelobende genau wiederholen. Sodann musste die Autorität das Gelübde annehmen, das heißt, durch eine offizielle Erlaubnis sanktionieren können: *votum suscipere*. Wurde das Gelübde angenommen, musste der Betroffene, im Tausch gegen das von ihm Erbetene, sein Versprechen ausführen: *votum solvere*. Schließlich waren, wie bei jedem Vorgang dieser Art, auch Sanktionen für den Fall vorgesehen, dass die Verpflichtung nicht eingehalten wurde: Wer nicht einlöste, was er versprochen hatte, war *voti reus* und wurde als solcher verfolgt und verdammt: *voti damnatus* (Benveniste, S. 237).

Genauer gesagt wird derjenige, der ein Gelübde ausspricht, nicht so sehr zu dessen Ausführung verpflichtet oder verurteilt, sondern er wird – zumindest im Extremfall der *devotio* des Konsuls – ein *homo sacer*, dessen Leben, da es den Göttern der Unterwelt gehört, eigentlich keines mehr ist, sondern auf der Schwelle zwischen Leben und Tod steht, und deshalb von jedermann ungestraft ausgelöscht werden darf.

Solchen Formalismus und solche Radikalität sucht man bei den Klosterregeln der ersten Jahrhunderte vergeblich. Die

Monographie, die Catherine Capelle 1959 dem Gelübde gewidmet hat, macht deutlich, dass – sowohl in den ältesten Quellen als auch bei den modernen Autoren – über die Bedeutung, die Natur, ja sogar die Existenz eines monastischen Gelübdes größte Verwirrung herrscht. Sie ist vor allem terminologischer Art: sowohl aufgrund der Mannigfaltigkeit der verwendeten Wörter *(professio, votum, propositum, sacramentum, homologia, synthēkē)* als auch aufgrund der Unbeständigkeit ihrer Bedeutungen, deren Bandbreite von »Führung« bis »feierliche Erklärung«, von »Gebet« und »Schwur« bis »Begehren« reicht (Capelle, S. 26–32). Weder Basilius noch Pachomius, noch Augustinus scheinen den Ordensstand an eine formale Handlung rechtlichen Charakters binden zu wollen. »*Homologia* bedeutet bei Basilius mal die Verkündigung des Glaubens, mal eine Art Versprechen, eine Verpflichtung oder die Einwilligung in eine Lebensweise […]. Gewiss gibt es eine Verpflichtung, doch nur mittelbar, nur weil es eine Weihung gibt. Wir befinden uns hier auf kultureller, nicht auf moralischer und schon gar nicht auf rechtlicher Ebene« *(ebd.,* S. 43 f.). Was den Gehorsam betrifft, ist »seine Funktion vor allem asketisch; es geht darum, das Vorbild zu kopieren, das Christus war. […] Er ist weder der Gegenstand einer religiösen Verpflichtung, noch leitet er sich aus einer bestimmten Rechtslage ab« (S. 46 f.). In ganz ähnlicher Weise wird bei Pachomius die Gehorsamspflicht gegenüber dem Abt zwar hervorgehoben, doch sie bleibt eine Tugend unter anderen. »Es scheint durchaus so, als ob wir es hier nur mit dem asketischen Aspekt des Gehorsams zu tun haben, nicht mit einer aus der Verbindlichkeit des Gelübdes folgenden Rechtsform. Auch wenn die lateinische

Übersetzung die Existenz einer Profess zwar nicht bei Pachomius, so doch zumindest bei seinen Nachfolgern nahezulegen scheint […], geht aus dem Kontext eindeutig hervor, dass es sich nicht um eine Verpflichtung handelt, die
rechtliche Auswirkungen hat, sondern einfach um den Ent-
schluss, Gott durch vollkommenes Handeln zu dienen«
(S. 35).

Aus der Lektüre der ersten zehn Kapitel des vierten Buchs
der *Institutiones* Cassians, die der Aufnahme des Bewerbers
im Kloster gewidmet sind, geht hervor, dass auch hier
nicht der geringste Hinweis auf Gelübde oder rechtliche
Verpflichtungen zu finden ist. Wer darum bat, ins Kloster
aufgenommen zu werden, wurde zehn Tage lang mit Belei-
digungen und Schmähungen überzogen, um die Ernsthaftigkeit und Beharrlichkeit seines Vorsatzes auf die Probe
zu stellen: »Obgleich er vor allen vorbeigehenden Brüdern
niederkniete, erfuhr er von allen nur offene Zurückwei-
sung und Verachtung, so als ob er nicht um der Religion
willen ins Kloster einzutreten wünscht, sondern um einer
Notlage zu entfliehen« (CASSIAN 1, S. 124). Hatte man
einmal diese Prüfungen geduldig und demütig durch-
gestanden, wurde besondere Sorgfalt auf das Ablegen der
alten Kleider und die Entgegennahme des Mönchshabits
verwendet; doch selbst dies machte den Novizen nicht zum
vollwertigen Mitglied im Kreis der Brüder. Ein ganzes Jahr
lang musste er unter der Obhut eines Alten bei der Kloster-
pforte ausharren. Voraussetzung für die Aufnahme in den
Mönchsstand war die Beharrlichkeit des Novizen und seine
Fähigkeit, die *regula oboedientiae* zu befolgen (*ebd.*, S. 132),
nicht die Ablegung eines Gelübdes. »Es gibt bei Cassian
keine Gelübde, denn er hat dem Abendland das ägyptische

Mönchtum vermittelt, das keine Gelübde kannte: Es gibt weder eine Verpflichtung, die ein Leben lang besteht, noch eine, die an ein bestimmtes Kloster bindet« (CAPELLE, S. 54).

Und auch in den drei Texten, in denen die Regel des Augustinus auf uns gekommen ist – von denen nicht mit Sicherheit gesagt werden kann, ob sie von seiner Hand stammen –, findet sich nicht der geringste Hinweis auf so etwas wie eine Aufnahmezeremonie oder eine Gelübdeablegung.

2.7. Gewöhnlich wird behauptet, dass sich die Situation mit der *Magisterregel* und der Benediktsregel zu ändern beginnt, die ein regelrechtes rechtliches Versprechen seitens des Novizen vorauszusetzen scheinen. Man lese jedoch das 88. Kapitel der *Magisterregel* mit dem vielsagenden Titel *Quomodo debeat frater novus in monasterio suum firmare introitum.* Nach einer Probezeit von zwei Monaten, an deren Ende der zukünftige Mönch ganz allgemein Beständigkeit in der Befolgung der Regel gelobt, die ihm mehrmals vorgelesen wird (*repromissa lectae regulae firmitate* – VOGÜÉ 2, II, S. 370), führen der Abt und der Novize eine Art zeremonielles Gespräch, um das der Novize den Abt, ihn bescheiden am Gewand fassend *(humiliter adpraehenso eius vestimento),* mit einer ungewöhnlichen Formel ersucht: »Es gibt etwas, das ich zuerst Gott und diesem heiligen Oratorium, dann dir und der Gemeinschaft kundtun möchte *(est quod suggeram)«* (*ebd.,* S. 372). Auf die Frage, worum es sich handelt, erklärt der Novize: »Ich will Gott dienen durch die Ordnung der Regel, die mir in deinem Kloster vorgelesen worden ist *(volo Deo servire per disciplinam regulae mihi lectae in monasterio tuo)«.* »Und das gefällt dir?«, fragt der Abt. »Zuerst Gott«, antwortet der Novize, »und dann auch mir«. Die Kautel, die der Abt nun formuliert, wird zuweilen als ein Gelübde im eigentlichen Sinn gedeutet:

Schau, Bruder, nicht mir versprichst du etwas, sondern Gott, diesem Oratorium und dem heiligen Altar. Wenn du in allem den göttlichen Geboten und meinen Ermahnungen gehorchst, wirst du am Tag des Gerichts die Krone für deine guten Taten empfangen und ich werde mir Nachsicht für meine Sünden verdienen, weil ich dich dazu angehalten habe, den Teufel und die Welt zu besiegen. Falls du aber in irgendeiner Beziehung nicht gehorchen willst, dann rufe ich Gott zum Zeugen an und auch diese Gemeinschaft wird am Tag des Gerichts für mich Zeugnis ablegen, dass, wenn du mir nicht gehorchst, ich im Gericht Gottes freigesprochen werde, du aber für deine Seele und deine Verachtung Rechenschaft ablegen musst (S. 372 f.).

Nicht nur, dass der Novize das Gehorsamsgelübde gar nicht ausspricht, auch die Formel, die er »kundtut« (»Ich will Gott dienen […]«), ist allem Anschein nach keine rechtliche Verpflichtung, sondern eine allgemeine asketische Profess. Ein Rechtsakt im eigentlichen Sinn wird unmittelbar darauf vollzogen: die unwiderrufliche Schenkung – oder vielmehr ihre Bestätigung, da die Schenkung bereits zum Zeitpunkt des Aufnahmegesuchs vollzogen wurde – des Eigentums des Novizen an das Kloster; doch in der monastischen Tradition wird diese Schenkung stets als Beweis für die Ernsthaftigkeit der asketischen Absicht des künftigen Mönchs gedeutet.

Anders scheint es sich mit der Benediktsregel zu verhalten. In ihr hat sich nicht nur die von wiederholten Lesungen der nunmehr schriftlich niedergelegten Regel unterbrochene

Probezeit auf zehn Monate verlängert, auch muss der Novize bei der Profess »in Gegenwart aller vor Gott und seinen Heiligen Beständigkeit, Lebensform und Gehorsam geloben *(coram omnibus promittat de stabilitate sua et conversatione morum suorum et oboedientiam coram deo et sanctis eius)*« (Pricoco, S. 242). Zusätzlich wird das Versprechen durch die – wenn möglich eigenhändige, in jedem Fall jedoch unterzeichnete – Ausfertigung einer *petitio* genannten Urkunde bekräftigt, die der Novize auf den Altar legt *(de qua promissione faciat petitionem ad nomen sanctorum [...] quam petitionem manu sua scribat [...] et manu sua eam super altare ponat – ebd.,* S. 244).

Einige Gelehrte vertreten die Meinung, dass die benediktinische Profess als ein regelrechter Vertrag verstanden werden muss, der sich am Vorbild der römischen *stipulatio* orientiert (Zeiger, S. 168). Und da die *stipulatio* als mündlicher Vertrag einem Formular aus Fragen und Antworten (vom Typ: *Spondesne? Spondeo*) folgt, haben sie solche Dokumente bevorzugt (wie eine Handschrift des 9. Jahrhunderts von Albi), in denen das Gelöbnis des Novizen die Form eines Dialogs hat *(»Promittis de stabilitate tua et conversatione morum tuorum et oboedientia coram Deo et sanctis eius?« »Iuxta Dei auditium et meam intelligentiam et possibilitatem promitto« – ebd.,* S. 169). Ältere Dokumente zeigen jedoch, dass die gängigste Form der Profess die einseitige Erklärung war, nicht der Vertrag. Die *petitio* selbst erscheint in den erhaltenen Urkunden als bloße Bekräftigung *(roboratio)* eines Versprechens, dessen Inhalt – anders als bei einer *stipulatio* – keine besondere Handlung, sondern die Lebensform des Mönchs ist. Das Formular einer *petitio monachorum* aus Flavigny (7.–8. Jh.) lautet wie folgt:

Domino venerabili in Christo patre illo abate de monasterio illo
[…]. Petivimus ergo beatitudinem caritatis, ut nos in ordine con-
gregacionis vestrae digni sitis recipere, ut ibidem diebus vitae nostrae sub regula beati Benedicti vivere et conversare deberemus
[…]. Habrenunciamus ergo omnes voluntates nostrae pravas, ut
dei sola voluntas fiat in nobis, et omnis rebus quae possidemus,
sicut evangelica et regularis tradicio edocit […] oboedientiam
vobis, in quantum vires nostrae subpetunt et Dominus adderit
nobis adiutorium, conservare promittimus […]. Manu nostrae
subscripcionis ad honorem Domni et patronis nostri sancti hanc
peticionem volumus roborare (Capelle, S. 235).

Der Mönch verpflichtet sich also nicht so sehr zu einzelnen
Handlungen, als vielmehr dazu, den Willen Gottes in sich
zu wecken; ferner wird der Gehorsam nur nach Maßgabe
der eigenen Kräfte gelobt und in der Hoffnung auf göttlichen Beistand.
Der Kommentar des Smaragdus zur Benediktsregel (9. Jh.)
bietet die in dieser Hinsicht vielleicht aufschlussreichsten
Überlegungen. Denn er überliefert uns nicht nur den Wortlaut einer *petitio*, der jeder rechtliche Charakter fehlt, er
enthält auch eine Definition der *professio*, die sie in ihren
eigentlichen Kontext stellt: *Ista ergo regularis professio, si
usque ad calcem vitae in monasterio operibus impleatur,
recte servitium sanctus vocatur, quia per istam sanctus effectus monachus, sancto Domino sociatur* (PL, 102, 796). Wie
officium bezeichnet auch der Ausdruck *servitium* das Leben
und Handeln des Mönchs oder des Priesters, der sich am
Leben Christi und seines als Hohepriester und »*leitourgos*
des Heiligtums und des wahren Tabernakels« (Hebr 8,2)
geleisteten »Dienstes« ausrichtet. Unübersehbar tritt hier
jene Tendenz zutage, das Leben des Mönchs als Amt und

ununterbrochene Liturgie zu betrachten, die wir bereits erwähnt haben und auf die wir noch zurückkommen werden.

א Wie ist die in der Benediktsregel erwähnte *petitio* zu verstehen? Im römischen Recht spricht man von *petitio* beim Prozess *(actio de iure petendi)* und bei der Bewerbung um ein öffentliches Amt *(petitio facta pro candidato)*. Im religiösen Recht bezeichnet sie die in Form eines Gebets an die Götter gerichtete Bitte. In dieser Bedeutung, in der man einen Vorläufer des Gelübdes erkennen kann, wird sie von den christlichen Autoren der ersten Jahrhunderte häufig verwendet (so bei Tertullian, *Orat.*, 1, 6: *orationis officia* […] *vel venerationem Dei aut hominum petitionem*). Wir besitzen jedoch Zeugnisse – wie das oben zitierte Formular aus Flavigny –, aus denen unmissverständlich hervorgeht, dass in der klösterlichen Praxis der Benediktiner die Bedeutung des Terminus weder der des römischen Rechts noch der des Gelübdes entsprach, sondern als schriftliche Bestätigung des Gesuchs um Zulassung zum Mönchsleben verstanden wurde.

2.8. Im Lauf der Zeit, insbesondere seit der karolingischen Epoche, setzte sich, gefördert von den Bischöfen und der römischen Kurie, die Benediktsregel in immer mehr Klöstern durch, bis sie zwischen dem 9. und 11. Jahrhundert schließlich die Regel schlechthin wurde, nach deren Muster die neuen Orden ihre Organisation einrichten mussten, wenn sie sie nicht gleich ganz übernahmen. Zu einer Zeit, als die Kirche – und mit ihr der Kaiser – versuchten, eine diskrete, aber strenge Kontrolle über die Ordensgemeinschaften auszuüben, wird die Tendenz der Regel zur Verrechtlichung der Mönchsprofess nicht unwesentlich zu ihrer Vorrangstellung und Verbreitung beigetragen haben. So hat eine Reihe von Dekreten des *serenissimus et christianissimus imperator*, die 802 im Edikt *Capitula canonum et regula* gipfeln, die Benediktsregel, deren Kapitel über den Gehorsam und die Profess ausdrücklich erwähnt werden, für alle Mönche verbindlich gemacht.

Im auf die benediktinische Regel folgenden Zeitalter bis zur Zusammenstellung der ersten kanonischen Sammlungen treten sowohl der Terminus *votum* als auch das Verb *voveo* (oder *devoveo* – *se deo vovere*, *voventes*) in den Quellen mit zunehmender Häufigkeit auf. Gleichwohl sucht man auch bei den Kanonikern eine Theorie des Mönchsgelübdes, wie sie in der Scholastik von Thomas bis Suárez entwickelt wird, vergeblich.

Werfen wir einen Blick in das siebte Buch von Ivo von Chartres' *Decretum*, das sich dem Thema *De monachorum et monacharum singularitate et quiete, et de revocatione et poenitentia eorum qui continentiae propositum transgrediuntur* widmet, oder in den Abschnitt *De vita clericorum* der *Panormia* desselben Autors. Obwohl es sich bei diesen Texten um heterogene Collagen handelt, die sich aus Augustinus-, Ambrosius-, und Hieronymusstellen, aus Auszügen aus Konzilsbeschlüssen, Papstbriefen und kaiserlichen Konstitutionen zusammensetzen, hat die Annäherung an das Problem im Wesentlichen die Form einer Kasuistik. Ohne das Wissen seines Herrn darf ein Knecht nicht Mönch werden (*praeter scientiam domini sui* – *Decretum*, cap. 43, PL, 161, 555); folglich wird die Probezeit vor der Aufnahme des Novizen aus der Perspektive der Feststellung seines rechtlichen Status als freier Mann oder Knecht betrachtet, um dem Herrn die Möglichkeit zu geben, innerhalb von drei Jahren den entlaufenen Knecht zurückzubekommen (*ebd.*, cap. 153, 582). Wenn Mädchen, die das Keuschheitsgelübde abgelegt haben, ohne von ihren Verwandten dazu gezwungen worden zu sein, später heiraten, machen sie sich auch dann schuldig, wenn sie noch nicht die Weihe empfangen haben (cap. 20, 549); Jungfrauen, die nach der Weihe heiraten, sind befleckt (*incestae – Panormia, ebd.*, 1175); wenn ein Mönch nach der Profess das Kloster verlässt, bleibt sein Eigentum im Besitz des Klosters; denn »das *propositum* des Mönchs, das er freiwillig angenommen hat, kann nicht sündlos aufgegeben werden« (1173).

Dasselbe gilt für Gratian. Wenn ein Kind die Tonsur und den Habit ohne seine Zustimmung erhalten hat, ist seine Profess nicht endgültig und kann gegebenenfalls für nichtig erklärt werden (qu. 2 – 3); will der Mönch ein Gelübde ablegen, muss er zuvor den Abt um Erlaubnis bitten (qu. 4). Und auch die Frage, ob die *voventes* Ehen schließen können, wird eingehend behandelt. Es geht jeweils um die konkreten rechtlichen Konsequenzen der Profess, nicht um eine Theorie der Profess als normative Konstituierung des monastischen Lebens als solchem.

2.9. Unsere bisherigen Überlegungen sollten verdeutlichen, weshalb es so gut wie unmöglich ist, die Frage nach der rechtlichen oder nicht-rechtlichen Natur der Ordensregeln zu stellen, ohne in Anachronismen zu verfallen. Selbst wenn etwas unserem Begriff »rechtlich« Entsprechendes schon immer existiert haben sollte – was zumindest zweifelhaft ist –, sicher ist, dass seine Bedeutung im römischen Recht eine andere war als in den ersten christlichen Jahrhunderten, in der karolingischen Epoche eine andere als in der Neuzeit, in der der Staat das Rechtsmonopol zu übernehmen begann. Darüber hinaus werden die von uns untersuchten Debatten über den »legalen« oder »konsiliaren« Charakter der Regeln, die unserer Fragestellung sehr nahe zu kommen scheinen, nur verständlich, wenn man nicht vergisst, dass sie die theologische Frage überlagern, wie die zwei *diathēkai*, das mosaische Gesetz und das Neue Testament, miteinander zusammenhängen.

Will man sich dem Problem nähern, ohne in Anachronismen zu verfallen, muss man es in seinen theologischen Kontext stellen, namentlich in den des Verhältnisses von *evangelium* und *lex* (also vor allem dem jüdischen Gesetz). Eine Theorie dieses Verhältnisses liefern die Paulusbriefe. Sie gipfelt in der Aussage, dass Christus, der Messias, *telos nomou*, Ende und Erfüllung des Gesetzes sei (Röm 10,4). Auch wenn sich im selben Brief diese radikale messianische These – und der aus ihr folgende Gegensatz von *pistis* und *nomos* – so sehr kompliziert, dass sie mitunter aporetisch wird (wie in 3,31: »Setzen wir denn durch den Glauben das Gesetz außer Kraft? Im Gegenteil, wir richten das Gesetz auf«), sicher ist, dass das Leben des Christen nicht mehr »unter dem Gesetz« steht und mit rechtlichen Begriffen nicht erfasst werden kann. Der Christ ist, wie Paulus, »dem Gesetz gestorben« (*nomōi apethanon* – Gal 2,19) und lebt in der Freiheit des Geistes; und auch wenn das Evangelium als »Gesetz des Glaubens« dem mosaischen Gesetz gegenübergestellt wird (Röm 3,27), oder später als eine *nova lex* der *vetus*, fest steht, dass weder seine Form noch sein Inhalt mit denen des *nomos* übereinstimmen. »Der Unterschied zwischen dem Gesetz und dem Evangelium«, heißt es in Isidors *Liber differentiarum* (Kap. XXXI), »ist dieser: Im Gesetz ist der Buchstabe, im Evangelium die Gnade [...]. Das Erste ist gegeben worden zur Übertretung, das Zweite zur Rechtfertigung; das Gesetz zeigt denen die Sünde, die sie nicht kannten, die Gnade hilft, sie zu vermeiden. [...] Im Gesetz werden die Gebote befolgt, in der Fülle des Evangeliums erfüllen sich die Verheißungen.«

In diesen theologischen Kontext müssen die Klosterregeln gestellt werden. Basilius und Pachomius, denen man gleichsam die Urform der Regeln verdankt, sind sich der Tatsache bewusst, dass die christliche Lebensform nicht auf das Gesetz zurückgeführt werden kann. In seinem Traktat über die Taufe beruft sich Basilius ausdrücklich auf das paulinische Prinzip, dem zufolge der Christ dem Gesetz gestorben ist *(apothanein tōi nomōi)*. Und Pachomius beginnt seine *Praecepta atque iudicia*, wie wir gesehen haben, mit der Behauptung, dass die Liebe die Erfüllung des Gesetzes sei *(plenitudo legis caritas)*. Folglich kann die Regel, deren Vorbild das Evangelium ist, gar nicht die Form eines Gesetzes haben. Womöglich impliziert schon die Wahl des Wortes *regula* einen Gegensatz zum Bereich rechtlicher Gebote. Dies legt zumindest eine Tertullianstelle nahe, die den Terminus »Regel« der »Form des [mosaischen] Gesetzes« entgegensetzt: »Sobald die Form des alten Bundes aufgelöst war *(veteris legis forma soluta)*, erließen die Apostel in der Autorität des heiligen Geistes für die, die nach und nach aus den Heidenvölkern in der Kirche aufgenommen wurden, diese Regel [...]« *(De pudicitia*, XII). Die *nova lex* hat keine Gesetzesform, sondern gleicht als *regula* der Lebensform selbst, die führt und anleitet (*regula dicta quod recte ducit*, heißt es in einer Etymologie Isidors – VI, 16).

Das Problem der rechtlichen Natur der Mönchsregeln findet hier sowohl seinen spezifischen Kontext als auch seine Grenzen. Auch wenn die Kirche nach und nach ein normatives System schuf, das im 12. Jahrhundert im von Gratian in seinem *Decretum* zusammengestellten kanonischen Recht gipfeln sollte, und das Leben des Christen immer wieder in den Bereich des Rechts eintreten konnte, sicher ist, dass sich die christliche *forma vivendi* – also das, was die Regel im Blick hat – ihrem Wesen nach nicht in der Befolgung einer Vorschrift erschöpft, keine rechtliche Natur hat.

3. Weltflucht und Konstitution

3.1. Dennoch gibt es einen Aspekt, unter dem die Regeln als Rechtsakte erscheinen, und zwar nicht im zivil- oder im strafrechtlichen, sondern im staatsrechtlichen Sinn. Man kann die Regeln nämlich als konstituierende Akte betrachten, die zur Bildung jener – wenn auch nur in speziellem Sinn – »politischen« Gemeinschaften führen, die die Klöster und Konvente zweifellos darstellen. Grundlage dieser staatsrechtlichen Natur der Regeln ist die von Philon erarbeitete, später von Ambrosius übernommene und weiterentwickelte Lehre der *fuga saeculi* als Prozess, in dem sich die Gemeinschaft der Gläubigen gleichsam konstituiert.

Werfen wir einen Blick in Philons *De fuga et inventione*. Hier wird Jakobs Flucht damit begründet, dass Laban jede Sorgfalt in der Beachtung des Gesetzes vermissen lässt. So regen sich die »asketischen Kräfte«, fordern das ungerechterweise vorenthaltene Erbe ein und treiben Jakob zur Flucht. Und die Zufluchtsorte oder Exile (*phygadeutēria*; *phygē*, bedeutet im Griechischen zunächst Exil) sind hier – im Rückgriff auf einen *midrash* über *Num.*, 35, 11 – 14, bezüglich der Orte, an denen derjenige, der sich einer unbeabsichtigten Tötung schuldig gemacht hat, Zuflucht finden kann – wirkliche Städte, die jeweils eine göttliche Kraft symbolisieren. Insgesamt sind es sechs: Die erste, die Mutterstadt (*mētropolis*), ist das Wort (*logos*) Gottes. Zugleich ist sie diejenige, in der man zuerst Zuflucht suchen soll. Die übrigen fünf, die sich zur ersten wie »Kolonien« (*apoikiai*) verhalten, werden wie folgt beschrieben:

Die erste ist die schöpferische Kraft *(poietikē)*, mittels deren Gott die Welt durch sein Wort geschaffen hat; die zweite ist die königliche Kraft *(basilikē)*, mittels deren der Schöpfer das befehligt *(archei)*, was er geschaffen hat; die dritte ist die Kraft der Barmherzigkeit *(hileōs)*, mittels deren der Schöpfer für sein Werk Sorge trägt und Mitleid empfindet; die vierte ist die gesetzgeberische Kraft, mittels deren er gebietet, was getan werden soll; die fünfte ist jener Teil der gesetzgeberischen Kraft, mit der er das verbietet, was nicht geschehen soll (17, 95).

Die Flucht wird also als ein Prozess verstanden, der den Flüchtling oder Exilanten durch sechs Städte führt, die ebenso viele konstituierende »politische« Kräfte sind: das – mit dem Hohepriester identifizierte – Wort Gottes, die Schöpfung, die Herrschaft, die Regierung, die positive und negative Gesetzgebung.

Zudem handelt es sich um Levitenstädte, denn in gewisser Weise sind auch die Leviten Flüchtlinge und Exilanten *(phygades)*, die Eltern, Kinder und Geschwister verlassen haben, um Gott zu gefallen. Leviten und Priestern ist die Obhut über den Tempel und die *leitourgia* – der öffentliche Dienst des Kultus – anvertraut. Und auch Flüchtlinge, die sich ungewollt etwas haben zu schulden kommen lassen, »leisten einen öffentlichen Dienst *(leitourgousi)*« (87 – 93). In diesem dichten *midrash*, der ein langes Nachleben im Christentum haben sollte, wird das Exil paradoxerweise als eine »Liturgie«, als eine öffentliche Leistung betrachtet, die den Exilierten mit dem Priester auf eine Stufe stellt.

Bekanntlich ist Ambrosius' *De fuga saeculi* stark von Philons Text abhängig und glänzt insofern nicht durch Originalität. Doch allein die Tatsache, dass er sich dafür entschieden hat, den Philon'schen *midrash* in ein grundlegendes

Werk christlicher Askese einzuschalten, stellt das Thema der Weltflucht in einen Zusammenhang, in dem Entsagung und Askese mit der Ausübung des Priesteramts, das heißt einer öffentlichen Praxis, aufs engste verbunden sind. Im zweiten Kapitel übernimmt Ambrosius nicht nur Philons Auslegung der Städte des Asyls nahezu wörtlich, er setzt auch den Hohepriester, den schon Philon mit dem *logos* Gottes in Verbindung gebracht hatte, bedenkenlos mit dem Sohn gleich.

Wer anders wäre jener Hohepriester als der Sohn Gottes, das Wort Gottes, dessen Fürsprache beim Vater wir uns erfreuen, der frei von jeder Sünde ist, den freiwilligen wie den unfreiwilligen Übertretungen, und in dem alles besteht, was im Himmel und auf Erden ist? [...] Alle Dinge werden durch das Band des Wortes zusammengefügt und zusammengehalten von seiner Kraft und haben in ihm ihren Grund, denn in ihm ist alles geschaffen, in ihm wohnt die Fülle. Darum bleibt alles bestehen, weil er nicht zulässt, dass sich auflöst, was er durch seinen Willen verbunden hat; und alles, was er will, erzwingt er mit seinem Befehl, regiert es und bindet es ein in die Eintracht der Natur [...] (AMBROSIUS, S. 85).

Einer Anregung Philons und des paulinischen Hebräerbriefs folgend, wird das Wort unmittelbar auf den Hohepriester aus Psalm 110,4 bezogen.

Wisse, dass er der große Fürst der Priester ist. Der Vater hat geschworen für ihn und sagt: »Du bist Priester auf ewig«. [...] Das ist das Wort Gottes, dem das höchste Priestertum verliehen ist, dessen Gewand Moses als intellegibel beschreibt, denn durch seine Macht hat es die Welt wie ein Gewand umgetan und von ihr gleichsam umhüllt, erglänzt es in allem. [...] Das Haupt aller ist Christus; von ihm aus entwickelt sich der ganze Leib, der durch gegenseitige Verfügungen zusammengehalten wird und durch die Erbauung der Liebe wächst (*ebd.*, S. 88 f.).

Das für das Mönchtum so grundlegende Thema der Weltflucht verbindet sich hier mit der Ausübung einer kirchlichen Praxis, in der der Flüchtling als der wahre Diener der Gemeinde erscheint: »Wer die Seinigen flieht, ist ein Diener des heiligen Altares des Herrn« (*fugitans igitur est suorum sacri altaris eius minister* – S. 78). Dies bildet auch die Grundlage, auf der die mönchische Flucht vor der Welt als Gründung einer neuen Gemeinschaft und eines neuen öffentlichen Raums verstanden werden kann.

א Wenn Philon das Exil zu einem konstitutiven Prinzip der Politik macht, bezieht er sich tatsächlich auf einen festen Bestand der griechischen Philosophie, die das Exil als Metapher für das vollkommene Leben des Philosophen verwendet hat. In der berühmten *Theaitetos*-Stelle (176a-b), in der die Angleichung an Gott als *phygē (phygē de homoiōsis theōi kata ton dynaton)* bezeichnet wird, muss das Wort *phygē* nämlich in seiner ursprünglichen Bedeutung von Exil gelesen werden (»potentiell ist die Angleichung an Gott ein Exil«). In völligem Einklang mit der platonischen Metapher steht, dass Aristoteles in der *Politik* (1324a, 15 – 16) die philosophische Lebensform eine »fremde« *(xenikos bios)* nennt. Und wenn Plotin Jahrhunderte später gegen Ende seiner *Enneaden* das Leben der »göttlichen und glücklichen« Menschen – also der Philosophen – als eine *phygē monou pros monon* bezeichnet, versteht man dies nur, wenn man sich des politischen Charakters des Bildes bewusst ist: »Exil eines

Einsamen bei einem Einsamen«. Die *fuga saeculi*, die »Weltflucht«, ist vor allem eine politische Geste, die bei Philon und Ambrosius der Gründung einer neuen Gemeinschaft gleichkommt.

3.2. Im Jahr 1907 hat Ildefons Herwegen, der Initiator der liturgischen Bewegung in der Benediktinerabtei Maria Laach, auf ein außergewöhnliches Dokument aufmerksam gemacht, das ein neues Licht auf die Regeln und die Mönchsprofess wirft und sie in einen staatsrechtlichen Zusammenhang zu stellen erlaubt. Es handelt sich um das sogenannte *Pactum*, das als Anhang der *Regula communis* des hl. Fructuosus von Braga überliefert ist. Die besondere Bedeutung dieses Dokuments, das vor 670 entstanden sein muss, besteht darin, dass es sich um eine Vereinbarung oder einen Vertrag zwischen zwei Parteien – einerseits die Gesamtheit der mit dem unbestimmten Begriff *nos omnes* bezeichneten Mönche, andererseits der *tu dominus* genannte Abt – handelt, die durch die Festlegung gegenseitiger Pflichten eine Gemeinschaft gründen und regeln.

Brennend vor göttlichem Eifer übergeben wir alle, die Unterzeichneten, Gott und dir, unserm Herrn und Vater, unsere Seelen, um in einem Kloster gemeinsam zu leben, im Einklang mit dem Beispiel Christi und deiner Lehre, gemäß der Weisung der Apostel und der Regel und gemäß all dem, was von der Autorität der heiligen Väter, die uns vorausgegangen sind, gutgeheißen wurde. Allem, was du zum Heil unserer Seelen verkünden, lehren, tun, tadeln, befehlen, exkommunizieren und gemäß der Regel bessern willst (*annuntiare, docere, agere, increpare, imperare, excommunicare, secundum regulam emendare*), all dem werden wir mit dem Beistand der göttlichen Gnade, in Demut des Herzens, jeden

Hochmuts entledigt, in Wachsamkeit und brennendem Verlangen, ohne Ausflüchte zu suchen *(inexcusabiliter)* und mit der Billigung Gottes nachkommen. Und sollte einer von uns gegen die Regel und deinen Befehl murren und widerspenstig, ungehorsam und ränkevoll sein *(contra regulam et tuum praeceptum murmurans, contumax, inobediens vel calumniator)*, dann steht es in deiner Gewalt, uns alle zusammenzurufen und nachdem vor allen die Regel verlesen wurde, öffentlich die Schuld zu ermessen, und jeder, davon überzeugt, ein Verbrechen begangen zu haben, erhält die der Schwere seiner Schuld entsprechende Strafe oder wird exkommuniziert. Und sollte dann einer von uns gegen die Regel heimlich und in Abwesenheit unseres Vaters des Abts mit den Eltern, den Geschwistern, den Kindern, den Schwägern, anderen Verwandten oder, schlimmer noch, mit einem Bruder, der mit ihm wohnt, eine Verschwörung anzetteln, dann hast du die Befugnis, jeden, der ein solches Verbrechen begehen wollte, für sechs Monate in einer dunklen Zelle, nur mit einer Decke oder einem Bußgewand bekleidet, ohne Gürtel und Schuhwerk, bei Wasser und Brot von der Gemeinschaft auszuschließen. Und sollte sich jemand dieser Buße nicht bedingungslos fügen, erhält er auf seinen nackten Körper zweiundsiebzig Peitschenhiebe und wird, wenn er den Habit des Klosters abgelegt und die Kleider, die er bei seiner Aufnahme trug, angetan hat, in Schimpf und Schande aus dem Kloster gejagt (Herwegen, S. 2 f.).

Der Unterwerfung der Mönche unter die Souveränität des Abts korrespondiert jedoch dessen Verpflichtung, gerecht und unparteilich zu regieren:

Doch wenn du, Herr – was Gott nicht wolle und wir nicht zu glauben wagen – einem von uns Ungerechtigkeit, Hochmut oder Zorn widerfahren lässt oder einem von uns den Vorzug gibst, einen anderen aber mit Hass und Groll verschmähst, wenn du den einen antreibst und dem anderen schmeichelst, wie der Pöbel es tut, dann haben wir die uns von Gott erteilte Befugnis, ohne Anmaßung noch Zorn unsere Beschwerde durch einen Vertreter vorzutragen, der vor dir demütig niederkniend unsere Klage darlegt, und du musst sie anhören und der gemeinsamen Regel entsprechend das Haupt neigen, dich ändern und bessern. Willst du dies jedoch nicht tun, dann haben wir die Befugnis, andere Klöster davon in Kenntnis zu setzen oder einen Bischof, der unter der Regel lebt, zu unserem Beistand zu rufen oder den katholischen Grafen, als Beschützer der Kirche, auf dass du dich vor ihnen zu ändern gelobst und die Regel erfüllst (*ebd.*, S. 3 f.).

Herwegen, der sich für die rechtliche Bedeutung der Urkunde interessiert, ist sich zwar durchaus der konstitutiven Bedeutung des Pakts für die Mönchsgemeinschaft bewusst, zieht jedoch daraus keine Konsequenzen. Wie er schreibt, sei »diese Formel [...] der Ausdruck eines Rechtsgeschäftes, durch das sich mehrere zu gemeinsamem klösterlichem Leben zusammenschließen. Einem als ›Herr und Vater‹ bezeichneten Abte wird dabei in der Form einer monastischen Profess obrigkeitliche Gewalt übertragen unter Vorbehalt gewisser Rechte. Die vorliegende Vereinbarung stellt sich somit als eine Klostergründung dar, verbunden mit Selbsttradition der Mönche an den Abt« (S. 4). Vor diesem Hintergrund versucht er mögliche Einflüsse auf das *pactum* auszumachen und findet sie einerseits im Untertaneneid, wie er in der *lex Visigothorum* begegnet, andererseits im Fahneneid des römischen Legionärs. Umso überraschender ist, dass Herwegen, dessen einzige Sorge es ist, das *pactum* in einen westgotischen Kontext zu stellen und es von der monastischen Profess im engeren Sinn zu unterscheiden, nicht bemerkt, dass es womöglich das erste und einzige Beispiel für einen Gesellschaftsvertrag ist, in dem sich eine

Gruppe von Menschen der Autorität eines *dominus* bedingungslos unterwirft, indem sie ihm die Gewalt überträgt, jeden Aspekt des so begründeten Gemeinschaftslebens zu bestimmen. Im Unterschied zum Hobbes'schen *Covenant* oder zum Rousseau'schen Gesellschaftsvertrag, die dem Souverän unumschränkte Macht zubilligen, entspricht hier der Gehorsamspflicht der Mönche die Verpflichtung des Abts, gerecht zu regieren. Entscheidend ist jedoch, dass das *pactum* nicht die geringste Ähnlichkeit mit einer privatrechtlichen Stipulation aufweist. Denn indem es sich der alles in allem fruchtlosen Debatte über den stipulatorischen oder votivischen Charakter der Mönchsprofess entzieht, eröffnet es die Möglichkeit, die Regeln als Verfassungsurkunden (*constitutiones*, wie sie übrigens häufig genannt werden) der Klostergemeinschaft zu betrachten.

3.3. Einmal abgesehen davon, dass sie sich bezüglich der ältesten Regeln gar nicht stellt, lautet die entscheidende Frage nicht, ob die Regeln rechtlicher Natur sind oder nicht, sondern allgemeiner, welches besondere Verhältnis von der Regel zwischen Leben und Norm gestiftet wird. Es geht also weder darum, welche Teile der Regel Gebot, welche Empfehlung sind, noch um den Grad ihrer Verbindlichkeit, sondern vielmehr um eine völlig neue Auffassung des Verhältnisses von Leben und Gesetz, die Begriffe wie Befolgung und Anwendung, Übertretung und Erfüllung selbst fragwürdig werden lässt.

Schon in den ältesten Regeln beziehen sich die strafrechtlichen Bestimmungen häufig nicht auf bestimmte Tatbestände, sondern auf so etwas wie ein Laster oder die Geistesverfassung des Mönchs. *Qui facilis est ad detrahendum,*

si in hoc peccato fuerit deprehensus [...] *iracundus et furio-*
sus si frequenter irascitur, heißt es in den pachomianischen
Praecepta atque iudicia; Si quis frater contumax aut super-
bus aut murmurans aut inoboediens, lautet der erste Satz
des Kapitels *De excommunicatione culparum* der *Magiste-*
regel (VOGÜÉ 2, II, S. 33); und in der Regel des Isidor
gleicht die Rubrik, die die schwersten Verbrechen aufzählt,
eher einem Katalog der Laster als einer Darstellung von
Straftatbeständen: *si temulentus quisquam sit, si discors, si*
turpiloquus, si feminarum familiaris, si seminans discordi-
as, si iracundus [...] (PL, 83, 886).

Das gilt erst recht für die positiven Pflichten des Mönchs.
Eine Stelle in Bernhard von Clairvauxs *De praecepto et*
dispensatione ist in diesem Zusammenhang besonders aufschlussreich. In einem fiktiven Gespräch antwortet Bernhard einem Mönch, der, nachdem er die Befolgung der Regel gelobt hat, sich darüber beklagt, dass er sein Gelübde in
dem Kloster, dem er angehört, nicht erfüllen könne:

Deine Klagen sind nicht gerechtfertigt. Derjenige, der sich für eid-
brüchig hält, weil er die Regel nicht in aller Strenge *(ad purum)*
befolgt, zeigt, dass er nicht verstanden hat, was er gelobt hat. Denn
niemand, der die Profess ablegt *(cum profitetur)*, gelobt die Regel
(spondet regulam), sondern jeder verpflichtet sich, künftig seinen
Lebenswandel und seine Lebens-Form *(conversionem suamque*
[...] *conversationem dirigere)* nach der Regel *(secundum regulam)*
auszurichten. Das ist in unserer Zeit die allen Mönchen gemeinsame Professform. Und mag man auch in verschiedenen Klöstern
nach verschiedenen Observanzen Gott dienen, solange einer die
örtlichen Gepflogenheiten beachtet, besteht kein Zweifel daran,
dass er nach der Regel lebt, da gute Gebräuche zur Regel nicht in
Widerspruch stehen (BERNHARD, S. 251 f.).

Wie die Gegenüberstellung eines Terminus technicus des Rechts (*spondere*, sich persönlich zu etwas verpflichten) und eines der asketischen Sprache entlehnten Ausdrucks (seine Lebensform ausrichten) deutlich macht, bezeugt der Passus einen Wandel in der Auffassung des Zusammenhangs von Norm und Leben: Wer gelobt, verpflichtet sich nicht, wie es im Recht geschieht, zur Erfüllung einzelner, von der Regel vorgesehener Handlungen, sondern stellt seine Lebensweise in Frage, die weder mit bestimmten Handlungen zusammenfällt, noch von ihnen erschöpft wird. Bernhard fügt sogleich hinzu, dass »jene, die sich entschließen, nach der Regel zu leben *(secundum regulam vivere)*, auch wenn sie sie nicht in allen Einzelheiten *(ad unguem)* befolgen, nicht von der Profess der Regel abweichen, solange sie nicht aufhören, nach der Gepflogenheit ihrer Brüder enthaltsam, gerecht und fromm *(sobrie et iuste et pie vivere)* zu leben, der Sitte ihrer Brüder folgend« (*ebd.*, S. 286).

Wahrscheinlich bezieht sich Thomas auf diese Stelle, wenn er schreibt, dass »derjenige, der die Regel gelobt, sich nicht verpflichtet, alles zu befolgen, was in der Regel steht *(non vovet observare omnia quae sunt in regula)*, sondern ein regelmäßiges Leben gelobt *(vovet regularem vitam)*, das wesentlich in drei Grundsätzen besteht [nämlich: Gehorsam, Keuschheit, Demut]. Deshalb geloben die Mönche in einigen Orden vorsorglich nicht die Regel, sondern nach der Regel zu leben *(profitentur non quidem regulam, sed vivere secundum regulam)*« (*S. Th.*, 2, 2, qu. 186, art. 9). Auch wenn Thomas das Problem auf den Unterschied von Vorschrift und Regel zu verengen scheint, den entscheidenden Punkt erfassen die Autoren nicht: den tiefgreifenden Wandel, den der Übergang von »die Regel geloben« zu »geloben, nach der

Regel zu leben« (das Leben geloben) bedeutet. Gegenstand des Versprechens ist nicht mehr ein zu befolgender Gesetzestext, eine konkrete Handlung oder bestimmte Verhaltensweisen, sondern die *forma vivendi* des Subjekts selbst.

3.4. Bei Suárez nimmt diese Besonderheit der Mönchsprofess die paradoxe Form einer Verpflichtung an, die keine bestimmte Handlung zum Gegenstand hat, sondern die Verpflichtung selbst. Zunächst unterscheidet er zwei Verwendungsweisen des Wortes *votum*: In der ersten bezeichnet es »die Verpflichtung und das Band, das in demjenigen fortbesteht, der das Gelübde abgelegt hat *(pro obligatione et vinculo quod manet in homine habente votum)*«, in der zweiten, »die Handlung, aus der die Verpflichtung unmittelbar hervorgeht *(pro actu illo a quo immediate nascitur obligatio)*« (SUÁREZ, S. 804). »Ich sage«, fährt er fort, »dass das Gelübde im eigentlichen Sinn, insofern es die Handlung bezeichnet, durch die sich der Mensch Gott gegenüber verpflichtet, keine andere menschliche Handlung zum Gegenstand hat, sondern die Verpflichtung selbst, das heißt das durch den Akt des Gelobens erzeugte Band *(non habere pro obiecto alium actum humanum sed obligationem ipsam, seu vinculum efficiendum per actum vovendi)*« *(ebd.)*.
Insofern das Gelübde »nichts anderes ist als die Verpflichtung, durch die sich jemand freiwillig an Gott bindet *(se spontanee obligat deo)*«, verpflichtet es, anders als das Gesetz, nicht einfach dazu, bestimmte Handlungen auszuführen und andere zu unterlassen, sondern lässt im Willen ein »dauerndes, gleichsam habituelles Band« *(vinculum permanens et quasi in habitu – ebd.)* entstehen. Das Gelübde ist also »Gelübde des Gelübdes« *(habet pro obiecto votum)*,

da es sich nicht auf eine bestimmte Handlung oder einen bestimmten Handlungsablauf bezieht, sondern vor allem auf das Band, das es selbst im Willen hervorbringt:

Und dieser Wille, durch den sich der Mensch Gott verpflichtet, hat die Verpflichtung gegenüber Gott zum Gegenstand und folglich das Gelübde oder Versprechen selbst, insofern es das durch das Gelübde verwirklichte Band bezeichnet, nicht insofern es den Akt des Gelobens oder Versprechens bezeichnet (*habet pro obiecto votum vel promissionem, quatenus haec significat vinculum ipsum efficiendum per votum, non quatenus significat actum vovendi aut promittendi – ebd.*).

Was Suárez hier in immer feineren Unterscheidungen unermüdlich zu denken versucht, ist das Paradox einer Verpflichtung, deren erster Inhalt kein bestimmtes Verhalten ist, sondern die Form des Willens desjenigen, der, indem er das Gelübde ablegt, sich an Gott bindet. Das Gelübde hat also die Form des Gesetzes, aber nicht dessen Inhalt und als kantischer Imperativ auch keinen unmittelbaren Gegenstand, wenn nicht den Willen des Gelobenden selbst. Deshalb ist Suárez bemüht, im folgenden Kapitel das *votum* im eigentlichen Sinn, das durch ein bloßes Versprechen *(per solam promissionem)* vollzogen wird, von der *traditio* zu unterscheiden, die diesem im Fall des feierlichen Keuschheitsgelübdes folgt und mit dem der Gelobende »Gott seinen Körper in immerwährender Keuschheit darbringt und weiht« (*ebd.*, S. 805). Im Unterschied zur heidnischen *devotio*, bei der der *devotus* seinen Körper und sein biologisches Leben den Göttern darbringt, ist das christliche Gelübde sozusagen gegenstandslos. Es hat keinen anderen Inhalt als die Schaffung eines *habitus* im Willen, deren Endergebnis eine bestimmte Form gemeinsamen Lebens (oder, aus liturgischer Sicht, die Konkretisierung eines bestimmten *officium* und einer bestimmten *religio*) ist.

Wieder einmal zeigt sich, dass der Kern des Mönchsstands nicht in einem Wesen oder Inhalt besteht, sondern in einem *habitus*, einer Form. Will man diesen Stand verstehen, muss man sich noch einmal mit dem Problem des »Habitus« und der Lebensform auseinandersetzen.

א In unserer Archäologie des Amts (AGAMBEN 1, IV, 8) konnten wir zeigen, dass die Theologen dieses eigenartige Verhältnis von Norm und Leben, das einer rechtlichen Verpflichtung die Form einer Tugend und eines *habitus* gibt, als *religio* bezeichnen.

Um die neue Figur des Verhältnisses von Norm und Leben zu verstehen, die sich hier abzuzeichnen beginnt, muss man sich auf rechtliche Zusammenhänge beziehen, die ihre technische Form erst später im Verwaltungsrecht fanden – also in jenem Zweig des modernen Rechts, der seine Entstehung der kirchlichen Verwaltungspraxis verdankt. Sie kannte – instrumentell genannte – Normen, die regelrechte Verhaltensmuster vorsahen und an die Bestimmung einer »Kompetenz-Pflicht« gebunden waren, das heißt an eine Verpflichtung oder Erlaubnis zu handeln, die sich aus einer bestimmten Rechtslage ableiten (zum Beispiel aus der Übernahme eines Amts). Die »Amtspflichten«, die aus ihr hervorgehen, bilden ein normatives Handlungsschema, das sich nicht in einer einzelnen Handlung erschöpft, sondern eine Lebensführung definiert, in der objektives und subjektives Element tendenziell zusammenfallen und insofern an das *vivere secundum regulam* und die *religio* des Mönchs erinnern.

3.5. Entscheidend ist jedoch, dass die Lebensform, um die es in den Regeln geht, ein *koinos bios*, ein gemeinsames Leben ist. Jede Interpretation der Klosterregeln muss sie zunächst in diesen Kontext stellen, aus dem sie nicht herausgelöst werden können. Wenn man nach der Beziehung zwischen Mönch und Regel fragt, muss man sich Wittgensteins Bemerkung in Erinnerung rufen, der zufolge es unmöglich ist, einer Regel auf private Weise zu folgen, da die Regelbefolgung eine Gemeinschaft und eine Gewohnheit voraussetzt. Auch für den Mönch gelten die Grundsätze: »Es kann nicht ein einziges Mal nur ein Mensch einer Regel gefolgt sein. […] Einer Regel folgen, eine Mitteilung machen, einen Befehl geben, eine Schachpartie spielen sind Gepflogenheiten (Gebräuche, Institutionen).« »Der Regel folgen ist eine Praxis. Und der Regel zu folgen glauben ist nicht: der Regel folgen. Und darum kann man nicht der Regel *privatim* folgen […]« (WITTGENSTEIN 1, S. 381 – 382).

Es gilt also festzuhalten, dass das gemeinsame Leben kein Gegenstand ist, den die Regel hervorbringen und lenken müsste; wie sowohl die Geltendmachung einer »uns von Gott erteilten Befugnis« im Pactum des hl. Fructuosus als auch das Beharren auf der Unterscheidung von »die Regel geloben« und »das Leben geloben« bei Bernhard und Thomas zeigen, ist das Gegenteil der Fall: Die Regel scheint aus dem »Zönobium« hervorzugehen, das sich, um mit dem modernen Staatsrechts zu sprechen, zu ihr verhält wie die konstituierende Gewalt zum Verfassungstext. Wenn das Ideal eines »gemeinsamen Lebens« also offensichtlich politischer Natur ist, ist das Kloster vielleicht der Ort, wo das gemeinsame Leben als solches vorbehaltlos als das in jedem Sinn konstitutive Element geltend gemacht wird. Im Klosterleben geht es also um eine Transformation des Kanons menschlichen Tuns, die für die Ethik und die Politik der westlichen Gesellschaften so bestimmend war, dass wir uns noch heute über dessen Wesen und Implikationen nicht völlig im klaren sind.

Schwelle

Wie wir sehen werden, wird man sich dieses Wandels erst mit den Franziskanern bewusst und kann ihn deshalb als solchen einfordern und zugleich die Auffassung der Regel als eines unabhängig vom Leben existierenden Normenkatalogs in Frage stellen.

Hugo von Digne nimmt in seinem Kommentar der franziskanischen Regel die Unterscheidung zwischen *promittere regulam* und *promittere vivere secundum regulam* wieder auf, jedoch nicht um zwischen Geboten und Empfehlungen zu unterscheiden oder, wie Humbert von Romans, zwischen den drei Hauptgelübden (Gehorsam, Armut und Keuschheit) und dem Rest der Regel, sondern um *forma regulae* und *forma vivendi* absolut ununterscheidbar werden zu lassen. Wer gelobt, das Leben und die Regel des seligen Franziskus zu befolgen, gelobt laut Hugo nach der Form der Regel *(secundum formam regulae profitetur)* und verpflichtet sich daher weder dazu, jede einzelne Regel, noch die drei Hauptgelübde zu befolgen, sondern unterschiedslos alle zugleich *(omnia indistincte)*, so dass die Lebensform *(forma vivendi)* des Mönchs *sub voti efficacia* zu rechnen ist (Hugo von Digne, 1, S. 178). Dem nicht unähnlich, was dreihundert Jahre später Suárez in seinem Traktat über das Gelübde zu denken versucht, ist das, was nur der Gesetzesform nach versprochen wird, die Lebensform des Mönchs. Durch den Begriff der »Form« treten Regel *(forma regulae)* und Leben *(forma vivendi)* in der Praxis des Mönchs in eine Zone der Unbestimmtheit.

Deshalb ist die franziskanische Profess weder ein Gelöbnis der Regel noch ein Versprechen, der Regel gemäß zu leben, sondern ein bedingungsloses und unteilbares Gelöbnis der Regel und des Lebens *(regulae vitaeque)*: *Promittere quidem non regulam, sed vivere secundum regulam, minus ad singula regulae dicitur obligare; sed hic plena regulae vitaeque promissio ponitur, nec additur »vivendo in obedientia, sine proprio et castitate« (ebd.,* S. 177).

Petrus Johannis Olivi kommentiert diese Formulierung der Regel (»im Gehorsam leben«) wie folgt: »Bedenke, dass es angemessener ist, zu sagen ›im Gehorsam leben‹ als zu sagen ›den Gehorsam beachten‹ oder ›gehorchen‹: denn man sagt, dass jemand nur dann in einem bestimmten Stand oder in einem bestimmten Werk lebt, wenn er sich ihm mit seinem ganzes Leben verschrieben hat *(cum tota sua vita est sic applicatus ad illud)*, dass man zu Recht sagt, in ihm zu sein und zu leben und zu wohnen *(esse et vivere et conversari)*« (OLIVI 1, S. 119). Die traditionelle Rechtsvorstellung der Befolgung einer Vorschrift wird hier in ihr Gegenteil verkehrt: Nicht nur, dass der Minorit nicht der Regel gehorcht, sondern den Gehorsam »lebt«, in einer noch radikaleren Umkehrung ist es das Leben, das auf die Norm angewendet wird, nicht umgekehrt.

Bei den Mönchsregeln geht es also um einen tiefgreifenden Wandel der Auffassung menschlichen Handelns, das von der Ebene der Praxis und des Tuns auf die der Lebensform und des Lebens verschoben wird. Diese Verlagerung der Ethik und der Politik aus der Sphäre der Handlung in die der Lebensform bildet das anspruchsvollste Vermächtnis des Mönchtums, das die Moderne nicht anzunehmen imstande war. Denn wie ist diese Figur eines Lebens zu verstehen, die, sich als »Lebens-Form« behauptend, weder auf das Recht noch auf die Moral, weder auf ein Gebot noch auf eine Empfehlung, weder auf eine Tugend noch auf eine Wissenschaft, weder auf die Arbeit noch auf die Kontemplation zurückgeführt werden kann und dennoch ausdrücklich als Richtschnur einer vollkommenen Gemeinschaft verstanden werden möchte? Wie auch immer die Antwort auf diese Frage ausfallen mag, sicher ist, dass das Paradigma menschlichen Handelns, das die Regeln installieren, seine Wirkung mit der Zeit weit über das Mönchtum und die kirchliche Liturgie im engeren Sinn auf den profanen Bereich ausgedehnt und sowohl die Ethik als auch die Politik des Abendlands dauerhaft geprägt hat. Wenn es, wie wir gesehen haben, als eine Schwelle tendenzieller Unbestimmtheit zwischen Regel und Leben bestimmt werden kann, müssen wir diese Schwelle untersuchen, wenn wir dessen Natur verstehen wollen.

II. Liturgie und Regel

1. Regula vitae

1.1. Die Historiker und Theologen, die über Ordensregeln gearbeitet haben, gehen gewöhnlich nur kurz auf die semantische Geschichte des Wortes *regula* ein und beschränken sich zumeist darauf, die Bedeutungen anzugeben, in denen es im von ihnen untersuchten *corpus* verwendet wird. Auch wenn man weiß – oder wissen sollte –, dass sich in der patristischen Literatur seit dem 2. Jahrhundert n. Chr. Syntagmen wie *regula fidei* (so übersetzt Rufinus *kanon pisteōs* im Text des Origenes), *regula veritatis*, *regula traditionis*, *regula scripturarum*, *regula pietatis* häufen, ist ihr Verhältnis zum Syntagma *regula vitae* (oder *regula vivendi*), das sich in den klösterlichen Regeltexten findet, noch nicht näher untersucht worden. Bekannt ist auch, dass außerhalb des theologischen Kontexts, nämlich in der Tradition der römischen Rechtsprechung, der *regulae iuris* eminente Bedeutung zukam; weniger bekannt ist jedoch, dass diese Tradition den Vätern vertraut gewesen sein muss, da Rufinus die monastischen Regeln und Konstitutionen als Rechtsbescheide bezeichnet (*sancti cuiusdam iuris responsa* – Frank, S. 67).
Der umfassenden Untersuchung der *regulae iuris*, die wir Peter Stein verdanken, kann man entnehmen, dass der Begriff auf die Debatte über Analogie (also Regularität) und Anomalie (also Gewohnheit und Gebrauch) zurückgeht, die griechische und römische Grammatiker seit dem 2. Jahrhundert v. Chr. führten (Stein, S. 53 ff.). Man kann also davon ausgehen, dass die Verfasser der Mönchsregeln, die,

wie wir gesehen haben, häufig von der Metapher der *ars* Gebrauch machen, auch mit grammatischen Fachausdrücken wie *regula loquendi* oder *regula artis grammaticae* vertraut waren. Es gibt eine Varrostelle über das Verhältnis von Regel und Gebrauch (das er bezeichnenderweise auch im außersprachlichen Bereich walten sieht), bei der es geradezu ins Auge springt, wie hilfreich die Erörterung grammatischer Fragen für das Verständnis desselben Problems in der monastischen Welt sein können. »Wenn wir der Regelhaftigkeit folgen müssen *(si analogia sequenda est nobis)*, müssen wir«, wie Varro schreibt *(De lingua latina*, VIII, 33), »entweder die Regelhaftigkeit beachten, die dem Gebrauch innewohnt, oder jene, die ihm nicht innewohnt. Folgt man Ersterer, bedarf es keiner Regeln, denn folgt man dem Gebrauch, ist es die Regelhaftigkeit, der man folgt *(praeceptis nihil opus est, quod, cum consuetudinem sequemur, ea nos sequetur)*«.

Spitzers Arbeiten zur historischen Semantik des europäischen Wortschatzes legen nahe, dass man die Bedeutung eines Wortes erst versteht, wenn man es in den sprachlichen Gesamtzusammenhang stellt. Trifft dies zu, dann steht eine die Bereiche der Theologie, des Rechts und der Grammatik – der *artes* im Allgemeinen – einschließende Untersuchung der Semantik des Wortes *regula* noch aus. Wir möchten uns auf einige wenige Vorüberlegungen hermeneutischer Natur beschränken.

Wie wir gesehen haben, neigt das Wort *regula* dazu, mit einem anderen Wort im Genitiv *(regula fidei, regula iuris, regula loquendi* usw.) ein Syntagma zu bilden. Handelt es sich um einen subjektiven Genitiv (dessen Subjekt *ius* ist) oder um einen objektiven (dessen Objekt *ius* ist)? Im Fall des Syntagmas *regula iuris* ist die Frage eindeutig zu beantworten. Deren bündigste Definition schreiben die Digesten dem Juristen Paulus zu: *Regula est quae rem quae est breviter enarrat. Non ex regula ius sumatur, sed ex iure quod est regula fiat* (D., 50, 17, 1). Also ein subjektiver Genitiv, wenn auch in einem besonderen Sinn: Die Regel wird gebildet – oder soll gebildet werden: *fiat* – aus dem bestehenden Recht *(ex iure quod est).*

1.2. Schon ein oberflächlicher Blick in die patristischen Texte der ersten christlichen Jahrhunderte zeigt, dass es sich bei den Syntagmen *regula fidei* und *regula veritatis* um einen subjektiven Genitiv eben diesen Typs handelt. Tertullian, der sie als einer der Ersten in technischem Sinne gebraucht, behauptet in *De virginibus velandis* unter Rückgriff auf eine rechtliche Metapher den Vorrang der Wahrheit, die von keiner Vorschrift entkräftet werden kann *(cui nemo praescribere potest)*, vor dem Herkommen. Wenn die Wahrheit, anders als dies für das Gesetz gilt, nicht vorgeschrieben oder durch die Gewohnheit verändert werden kann, dann deshalb, weil im Fall des Glaubens Christus selbst die Wahrheit ist *(Christus veritatem se, non consuetudinem, cognominavit –* Tertullian 1, S. 127). Erst jetzt kann er schreiben: *regula fidei, sola immobilis et irreformabilis, credendi scilicet in unicum deum onnipotentem, mundi creatorem, et Filium eius, natum ex virgine Maria, crucifixum sub Pontio Pilato, tertia die resuscitatum a mortuis, receptum in caelis, venturum iudicare vivos et mortuos per carnis etiam resurrectionis (ebd.,* S. 130). Das Credo – oder vielmehr die *regula fidei* –, deren allmählicher Ausarbeitung wir hier beiwohnen, hat noch nicht die dogmatische Gestalt angenommen, die ihr später von den Konzilen gegeben wird. Die paulinische und evangelische Formel *credere in Christum* kommentiert Augustinus mit der scharfsinnigen Bemerkung, dass sie noch nicht, wie im Fall des Dogmas, eine äußerliche Norm ist, die dem Glauben und der Wahrheit einen Inhalt gibt; vielmehr ist der Glauben *an* Christus die einzige Wahrheit der *regula*, die ihrem Wesen nach pragmatisch ist und eine unmittelbare und totale Anhänglichkeit an die Gegenwart und das Tun Christi beinhaltet (*ut credatis in eum, non ut credatis ei* [...] *quid est ergo credere in eum? Credendo amare, credendo diligere, credendo in eum ire, et eius membris incorporari – In Johannis Evang.*, 29, 6; *hoc est credere in Deum, quod utique plus est quam credere Deo* [...] *credendo adhaerere ad bene cooperandum bona operanti Deo – En. in Psalm.*, 87, 8).

Besonders evident ist dies in der *Expositio symboli* des Rufinus: Was die Väter als *regula* formulieren (*componunt*, zusammenfügen), ist der Erfahrung des Glaubens und der Wahrheit eines jeden von ihnen entnommen (*conferendo in unum quod sentiebat unusquisque*). Folglich ist das *symbolon*, das daraus hervorgeht, nichts weiter als ein *indicium*, ein gewöhnliches Zeichen und Zeugnis ihres Glaubens (*symbolon enim Graece et indicium dici potest et conlatio, hoc est quod plures in unum conferunt*). Frei nach der Definition der Digesten könnte man also sagen, dass *non ex regula fides sumatur, sed ex fide quae est regula fiat.*

In Augustinus' *De doctrina christiana* beziehen sich *regula fidei* und *regula veritatis* häufig auf die Auslegung der Schrift, zu deren Orientierung sie dienen. Doch auch hier leitet sich die Regel, die benutzt werden soll, um die Dunkelheiten der Schrift aufzuklären, aus der Schrift selbst ab

(»Wenn Zweifel bezüglich der Betonung oder der Interpunktion eines Textes bestehen, muss man die *regula fidei* zu Rate ziehen, die man aus den klarsten Stellen der Schrift gewonnen hat (*consulat regulam fidei, quam de scripturarum planioribus locis* […] *percepit*)« – AUGUSTINUS, S. 172). Augustinus orientiert sich hier am Muster des Tyconius, dessen *Liber regularum*, der gewissermaßen der Archetyp aller texthermeneutischen Traktate ist, er weite Teile des dritten Buchs seines Werkes widmet. Zu Beginn seines Traktats erklärt Tyconius, dass sich die »mystischen Regeln«, die er als »Schlüssel und Lichter« auf die heilige Schrift anwenden möchte, im Text selbst finden, dessen innerste und verborgenste Teile sie einnehmen *(quae universae legis recessus obtinent)*. Erst wenn deren *ratio* enthüllt worden ist, wird »sich das, was verschlossen ist, öffnen und das, was dunkel ist, aufklären« (TYCONIUS, S. 2). Auch hier sind die Kriterien für die Interpretation eines Textes *(regulae scripturarum)* diesem nicht äußerlich, sondern leiten sich aus ihm ab: Der Genitiv ist nicht objektiv, sondern subjektiv.

1.3. Wenn wir uns nun wieder dem Syntagma *regula vitae* zuwenden, das man beispielsweise im Prolog der *Regel der vier Väter* antreffen kann *(qualiter conversationem vel regulam vitae ordinare possimus)*, drängt sich die Frage auf, ob man es, wie in den Texten, die wir gerade untersucht haben, nicht auch in diesem Fall mit einem subjektiven Genitiv zu tun hat. Wie in den Syntagmen *regula iuris* und *regula fidei* das Recht und der Glauben weder von der Regel regiert werden noch sich von ihr ableiten, sondern umgekehrt, könnte sich auch im Syntagma *regula vitae* nicht die Le-

bensform von der Regel, sondern die Regel von der Lebensform ableiten. Oder vielleicht sollte man besser sagen, dass
die Bewegung in beide Richtungen verläuft, auf eine Unbestimmtheitszone zu, in der die Regel in eben dem Maße
Leben wird wie das Leben Regel.

In seinem Traktat *De praescriptione haereticorum* bringt
Tertullian den Ausdruck *regula fidei* auf eine vielsagende
Formel: Die Regel des Glaubens ist jene, »durch die geglaubt
wird« (*Regula est autem fidei* [...] *illa scilicet qua creditur –*
TERTULLIAN 2, S. 106). Im selben Sinn könnte man sagen,
dass die *regula vitae* jene ist, *durch die* gelebt wird. Nichts
anderes besagt der Ausdruck *regula vivificans*, der bei Angelus Clarenus die franziskanische Regel bezeichnet. Die
Regel wird nicht auf das Leben angewendet, sie bringt es –
und zugleich sich in ihm – hervor. Doch welcher Textsorte
sind die Regeln zuzurechnen, wenn sie das Leben, das sie
regeln sollen, performativ zu verwirklichen scheinen? Und
wie muss man sich ein Leben vorstellen, das von der Regel
nicht mehr zu unterscheiden ist?

א Wie schwierig es ist, zwischen Regel und Leben zu
unterscheiden, tritt in den Lebensbeschreibungen der
Juraväter besonders deutlich zutage. Schon deren *incipit*
deutet dies an: *Vita vel regula sanctorum patrum Romani,
Lupicini et Eugendi, monasteriorum iurensium abbatum.*
Der Herausgeber der jüngsten Edition (*Jura*, S. 240)
glaubt, dass der Text am Ende der dritten Vita eine be-
achtliche Lücke aufweist; eben dort, wo sich seines Erachtens an den biographischen Bericht der Wortlaut der
Regel hätte anschließen müssen. Die Vermutung ist nicht
im Zustand der Handschrift begründet; sie stützt sich

einzig und allein darauf, dass der Autor an einer Stelle der Biographie des Romanus – wie der Herausgeber schreibt – angekündigt habe, die Regel im dritten Buch darzulegen, also in der Vita des Eugendus. Am Ende der dritten Lebensbeschreibung angelangt, gibt er jedoch nicht die Regel wieder, sondern schließt mit einem Bericht vom Tod des Abts. Dies sei, wie der Herausgeber meint, nur mit einer Lücke im Text zu erklären, deren Umfang seines Erachtens dem der Lebensbeschreibung entsprochen haben könnte.

Tatsächlich handelt es sich hier um den exemplarischen Fall einer – wenn auch negativen – Emendation, die lediglich deshalb vorgenommen wird, weil der Herausgeber den Text nicht verstanden hat. Da der Autor die Darlegung der Regel angekündigt habe, so das Argument, könne er sich nicht auf einen biographischen Bericht beschränken. Offensichtlich ist dem Herausgeber die besondere Unbestimmtheitsbeziehung entgangen, die im Text und – besonders augenfällig – im *incipit* (*vita vel regula*, das Leben oder auch die Regel) zwischen den Termini »Leben« und »Regel« besteht. Denn zu Beginn der ersten Lebensbeschreibung erklärt der Autor, er wolle »die Taten, das Leben und die Regel (*actus vitamque ac regulam*) der Juraväter, wie ich es selbst gesehen und aus der Überlieferung der Alten erfahren habe, aus dem Gedächtnis getreu wiedergeben (*fideliter replicare*)« (*ebd.*, S. 242). *Actus vitamque ac regulam* ist – wie es das Enklitikon *-que* und die Konjugation *ac*, die die Wörter enger koordiniert als *et*, unterstreichen – ein einziger, aus drei Wörtern zusammengesetzter Begriff und bezieht sich auf etwas – die Lebensform der

Väter –, das nur durch drei untrennbar miteinander verbundene Termini angemessen ausgedrückt werden kann.

Wenn der Autor keine eigenständige Regel niederschreibt, dann deshalb, weil sie schon in der Lebensbeschreibung des Eugendus enthalten ist. Denn als er die Darlegung der Regel ankündigte, hatte er geschrieben, dies dem dritten Buch vorzubehalten, *quia rectius hoc in vita beatissimi Eugendi depromitur.* Der Satz bedeutet nicht, wie der Herausgeber ungenau übersetzt, *il est plus normal en effet de vous le donner avec la vie de st. Oyend,* sondern, der eigentlichen Bedeutung des Verbs *depromere* (»herausziehen, entnehmen«) entsprechend, »weil dies der Vita des allerseligsten Eugendus am angemessensten entnommen werden kann«. Im Übrigen zeigt eine aufmerksame Lektüre der Lebensbeschreibung, dass sie, insbesondere in den Paragraphen 170 bis 173, genau schildert, wie der Abt das Gemeinschaftsleben der Mönche organisiert hat. Wie dem auch sei, entscheidend ist, dass die Darlegung der Regel und die Beschreibung des Lebens im Text untrennbar miteinander verbunden sind.

1.4. Seit Wittgenstein hat es im zeitgenössischen Denken und zuletzt auch in der Rechtsphilosophie immer wieder Versuche gegeben, einen besonderen Normtyp zu definieren: sogenannte konstitutive Normen, die weder eine bestimmte Handlung vorschreiben noch einen bestehenden Sachverhalt regeln, sondern diese Handlung oder diesen Sachverhalt allererst hervorbringen. Um dies zu erläutern, bedient sich Wittgenstein des Beispiels der Schachfiguren, die nicht vor dem Spiel existieren, sondern erst von den Spielregeln konstituiert werden (»Der Bauer ist die Summe der Regeln, nach welchen er bewegt wird« – WITTGENSTEIN 2, S. 325 f.). Offensichtlich ist die Ausführung einer Regel, die sich nicht darauf beschränkt, der handelnden Person ein bestimmtes Verhalten vorzuschreiben, sondern dieses Verhalten überhaupt erst hervorbringt, höchst problematisch.

Frei nach dem scholastischen Diktum *forma dat esse rei* könnte man in unserem Fall sagen *norma dat esse rei* (CONTE, S. 526): Die Lebensform ist die Gesamtheit der konstitutiven Regeln, von denen sie bestimmt wird. Aber kann man dann nicht auch sagen, dass der Mönch – wie der Bauer beim Schach – bestimmt wird durch die Summe der Vorschriften, nach denen er lebt? Und könnte man nicht mit demselben Recht auch das genaue Gegenteil behaupten, dass nämlich die Lebensform des Mönchs ihre Regeln schafft? Vielleicht trifft beides zu, zumindest wenn man ergänzt, dass Regel und Leben hier in eine Unbestimmtheitszone eintreten, in der sie durch den Verlust ihrer Unterscheidbarkeit etwas Drittes aufscheinen lassen, das die Franziskaner, ohne das es ihnen gelungen wäre, es genau zu definieren, »Gebrauch« nannten.

Wie Wittgenstein nahezulegen scheint, bricht schon die bloße Idee einer konstitutiven Regel mit der geläufigen Vorstellung, es gehe bei der Regel lediglich um die Anwendung eines allgemeinen Prinzips auf einen Einzelfall, das heißt, dem Kant'schen Modell des bestimmenden Urteils entsprechend, um eine rein logische Operation. Indem das zönobitische Projekt die ethische Frage von der Ebene des Verhältnisses von Norm und Handlung auf die Ebene der

Lebensform verlagert, scheint sie die Dichotomien von Regel und Leben, Allgemeinem und Besonderem, Notwendigkeit und Freiheit, die unserem Ethikverständnis zugrunde liegen, selbst in Frage zu stellen.

2. Mündlichkeit und Schriftlichkeit

2.1. Wenden wir uns nun der Struktur der Regeltexte zu, wie sie sich in den ältesten Regeln zeigt, insbesondere in einem Text, der – nicht zuletzt wegen des Einflusses, den er auf die Benediktsregel ausgeübt hat – in der Forschung besondere Beachtung fand: der *Magisterregel*. Man hat darauf hingewiesen, dass in der ältesten monastischen Literatur die nicht selten unbekannten Autoren, mehr oder weniger bewusst, Mündlichkeit und Schriftlichkeit in ein komplexes Spannungsverhältnis gebracht haben, bezüglich dessen man von »fiktiver Mündlichkeit« gesprochen hat (FRANK, S. 55). Schon das Vorwort der *Regulae fusius tractatae*, der archetypischen Basiliusregel, erwähnt eine »Versammlung« (*synelēlythamen*, »wir haben uns versammelt«), deren Teilnehmer, die sich das Ziel gesetzt haben, »ein Leben nach der Frömmigkeit zu führen« *(tou biou tou kat' eusebeian)*, in Erfahrung bringen wollen, was sie zum Heil führen könne *(mathein ta ton pros sōtērian* – PG, 31, 889). Offensichtlich handelt es sich um eine bewusste Inszenierung, da der Text im Fortgang von einem Ort und einer Zeit spricht, die zwar im Unbestimmten bleiben, jedoch als günstig bezeichnet werden: Hier wurden die Fragen und Antworten, aus denen die Regel besteht, gestellt und gegeben und, nicht zu vergessen, niedergeschrieben (»die Stunde ist günstig, denn der Ort gewährt Ruhe und Freisein von äußeren Belästigungen«, *ebd.*).
Auch die *Regel der vier Väter* verweist auf ein Treffen und ein Gespräch der vier Protagonisten, die den Zweck hatten,

»die Lebensweise oder die Lebensregel der Brüder zu ordnen« (*Sedentibus nobis in unum* [»während wir beisammen saßen«] *qualiter fratrum conversationem vel regulam vitae ordinare possimus* – Vogüé 1, S. 180). Im zweiten Redebeitrag, dem des Macarius, bezieht sich der Pater ausdrücklich darauf, dass die Niederschrift der Regel dem Gesprächsverlauf folgt: *quoniam fratrum insignia virtutum* […] *superius conscripta praevenerunt*, »da die Tugenden, durch die sich die Brüder auszeichnen, eben erst niedergeschrieben wurden« (*ebd.*, S. 184). Ausgesprochen kunstfertig verweist der Text durch eine gekonnte Inszenierung der Mündlichkeit auf seine Schriftlichkeit.

In der *Zweiten Regel der Väter* bleibt die Inszenierung gleich (*Residentibus nobis in unum* […]), doch das Verhältnis von Mündlichkeit und Schriftlichkeit hat sich verschoben, denn nun geht es ausdrücklich darum, *conscribere vel ordinare regulam, quae in monasterio teneatur ad profectum fratrum*, »die Regel schriftlich festzuhalten und zu ordnen, die im Kloster zum Besten der Brüder befolgt werden soll« (S. 274). Ist einmal der Zweck der Sitzung ausdrücklich jener, die Regel in Schriftform zu bringen, eröffnet sich die Möglichkeit eines semantischen Umschlagens: Der Terminus *regula* kann nun sowohl in der Bedeutung von »Lebensweise« – wie im *incipit* der *Regel der vier Väter* – verstanden werden als auch in der von »Schriftstück«.

In der *Dritten Regel der Väter*, die laut Vogüé ein Bischof verfasst hat, ist der Übergang von der Mündlichkeit zur Schriftlichkeit vollzogen. Denn jetzt soll die Regel nicht mehr aufgeschrieben werden, sondern gelesen: »Als wir mit unseren Brüdern beisammen waren im Namen des Herrn, beschlossen wir, die Regel und die Einrichtungen der Väter von Anfang bis Ende zu lesen *(regula et instituta patrum per ordinem legerentur)*« (S. 532). Die Regel ist zum Schriftstück geworden, das verlesen werden kann und muss, vor allem vor dem Bekehrten, der ins Kloster einzutreten wünscht (»Wenn sich jemand von der Welt zum Kloster wenden will, werde ihm bei seinem Eintritt die Regel vorgelesen« – *ebd.*).

Obgleich sie auf der Regel der Väter fußt, fehlt der Benediktsregel die Spannung von Mündlichkeit und Schriftlichkeit völlig, die jene beseelt hatte. Nunmehr ist die im letzten Kapitel als *regula descripta* bezeichnete Regel (*regulam hanc descripsimus* […] *hanc minimam regulam descriptam* […] *perfice* – Pricoco, S. 270 ff.) ausschließlich Text. Während das *conscribere* der frühen Regeln auf einen von den Vätern persönlich diktierten und aus dem Leben der Mönche gezogenen Text verweist, ist *describere* der Terminus technicus für den Schreiber, der Texte kopiert. Einem Brauch entsprechend, der, wie wir gesehen haben, in karolingischer Zeit verbindlich wurde, ist die Regel immer *regula descripta*: aus ihr ist nicht nur die Spannung von Mündlichkeit und Schriftlichkeit, sondern auch die von objektiver und subjektiver Bedeutung des Syntagmas *regula vitae* gewichen.

2.2. Weshalb herrscht – zumindest bis zum hl. Benedikt – diese Dialektik von Mündlichkeit und Schriftlichkeit in den Regeltexten? Warum setzen die Regeln ihre Niederschrift und ihre Lesung so beharrlich in Szene? Es geht weder einfach um die rhetorische Konstruktion fiktiver Mündlichkeit noch lediglich darum (wie dies fraglos der Fall ist), durch das Spiel mit Mündlichkeit und Schriftlichkeit die Regel im Akt ihrer Textwerdung zu zeigen und ihr durch den Übergang von der Lebensform-Regel zur Text-Regel Autorität zu verleihen. Es geht vielmehr um die Konstituierung des Sonderstatus des Regeltexts, der weder bloß Schriftstück noch einfach mündliche Rede ist und weder mit der Niederschrift gelebter Praxis noch umgekehrt mit der praktischen Anwendung einer schriftlich niedergelegten Regel zusammenfällt. Was die Regel in Szene setzt, erschöpft sich in keiner dieser Dimensionen, sondern findet seine Wahrheit einzig und allein in der Spannung, die sie zwischen ihnen erzeugt. Weder Schrift noch Stimme, weder Rechtskodex noch Lebenspraxis, bewegt sich die Regel unablässig zwischen diesen Polaritäten, auf der Suche nach einem Ideal des vollkommenen Gemeinschaftslebens, das es zu bestimmen gilt.

In diesem Sinn ist die *Magisterregel* exemplarisch. Schon der Prolog, in dem das Paradigma der fiktiven Mündlichkeit auf die Spitze getrieben wird, hebt die Grenze zwischen Mündlichkeit und Schriftlichkeit auf. Er beginnt mit einer Apostrophe, deren Struktur grammatisch so kompliziert ist, dass die Interpreten, obgleich ihnen deren Eigentümlichkeit nicht entgangen ist, es vorgezogen haben, sie zu ignorieren:

O homo, primo tibi qui legis, deinde et tibi qui me auscultas dicentem, dimitte alia modo quae cogitas et me tibi loquentem et per os meum deum te convenientem cognosce.

»O Mensch, (ich sage) zuerst dir (der Dativ *tibi* scheint ein *dico* vorauszusetzen), der (mich) liest, dann auch dir, der du mich sprechen hörst, lass nun alle anderen Gedanken beiseite und vernimm mich, der zu dir spricht, und Gott, der dir durch meinen Mund begegnet« (VOGÜÉ 2, I, S. 288).

Wer spricht hier? Gleich ob, wie es am wahrscheinlichsten ist, die Regel selbst spricht oder, wie Vogüé zu glauben scheint, ihr Autor, das Verhältnis von Mündlichkeit und Schriftlichkeit ist schlechterdings nicht zu entwirren. Einerseits steht die Vorgängigkeit der Schrift außer Frage, da sich der Text an einen Leser wendet *(tibi qui legis)* und sich in den folgenden Zeilen deiktisch auf sich als Schriftstück bezieht: »Also, o Hörer, der du mich sprechen hörst, begreife, was nicht mein Mund, sondern was durch diese Schrift *(per hanc scripturam)* Gott spricht.« Andererseits spricht das Schriftstück, gleichsam in einer *mise en abyme*, nicht nur zu einem Leser, sondern auch zu einem Hörer *(deinde et tibi qui me auscultas dicentem)*. Und wenig später wird aus demjenigen, welcher, obgleich sprechend, einen Leser vorausgesetzt hatte, einer, welcher »diese Schrift« laut vorliest *(hanc scripturam quam tibi lecturus sum – ebd.,* S. 292 – offensichtlich handelt es sich um den Regeltext).

Wie unfeststellbar die in Wort und Schrift gespaltene Identität des Apostrophierenden auch immer sein mag, die Identität des als *homo* Apostrophierten ist nicht weniger problematisch. Denn auch er ist in einen Leser und einen Hörer gespalten, der nur als Adressat »dieser Schrift« und »dieser Regel« *(haec regula – ebd.),* die er getreu zu befolgen hat, seine Einheit wiedererlangt.

2.3. Es gibt in der Regel jedoch eine Stelle, die der Schlüssel zu all diesen Rätseln zu sein scheint und zugleich erlaubt, Beschaffenheit und Wesen der Regel zu bestimmen. Es handelt sich um das 24. Kapitel mit dem Titel: »Der Tischleser der Woche *(De ebdomadario lectore ad mensas)*«. Dort heißt es, dass in beiden Jahreszeiten, im Sommer wie im

Winter, »gleich ob zur sechsten oder zur neunten Stunde gegessen wird, alle Dekane der Reihe nach von Woche zu Woche den Regeltext vorlesen sollen« (*ebd.*, II, S. 122). Wie gleich im Anschluss erklärt wird, handelt es sich um eine *lectio continua*, das heißt um eine Lesung, die jeweils dort fortfährt, wo sie tags zuvor unterbrochen wurde:

[Der Vorleser] soll diese Regel *(regulam hanc)* täglich vorlesen und ein Zeichen hineinlegen, wie weit er gelesen hat, damit im täglichen Fortgang *(sequenter cottidie)* alles gelesen wird und man im Laufe der Wochen zum Ende kommen und dann mit dem Lesen von neuem beginnen kann (S. 126).

Die Regel gibt genaue Anweisungen, wie der Vorleser seinen Dienst antreten soll (»der, der das Vorlesen übernimmt, soll sich vorstellen und mit lauter Stimme sagen: Betet für mich, meine Herren, weil ich die Woche der Tischlesung beginne« – S. 124), wie er lesen soll, ohne Hast *(non urguendo)* und so, dass die Zuhörer deutlich vernehmen können, was ihnen die Regel zu tun gebietet.

Das heißt jedoch, dass unweigerlich der Moment kommen muss, in dem der Vorleser, wenn er das 24. Kapitel erreicht hat, jene Stelle liest, die ihm gebietet, täglich die Regel zu lesen. Was geschieht in diesem Moment? Wenn der Vorleser die übrigen Teile der Regel liest, erfüllt er das Vorlesegebot, führt jedoch nicht aus, was die Textstelle gerade vorschreibt. Hier jedoch fallen das Vorlesen und die Befolgung der Regel zusammen. Indem er die Regel liest, die ihm vorschreibt, die Regel zu lesen, führt der Vorleser *ipso facto* die Regel performativ aus. Seine *lectio* realisiert also die exemplarische Redeinstanz, in der die Regel mit ihrer Ausführung zusammenfällt und die Befolgung von dem Befehl, den sie befolgt, nicht mehr zu unterscheiden ist.

Die Dialektik von Mündlichkeit und Schriftlichkeit ist hier vollkommen: Es gibt zwar einen geschriebenen Text, tatsächlich lebt dieser jedoch nur durch die Lesung, die von ihm gemacht wird. Das ist es, was die Regel wenig später andeutet, wenn sie die tägliche Lesung der Regel in einem vielsagenden Einschub als ein *in usu mittere* definiert (*nam cum cottidie in usu ipsa regula mittitur, ex notitia melius observatur* – S. 130). Die Regel unterstellt eine Vorgängigkeit der Schrift, doch eine an sich unwirksame, die durch das Lesen »in Gebrauch genommen« werden muss. Dies wird wenige Seiten später bekräftigt, wo den Mönchen empfohlen wird, auf Reisen zu lesen und, wenn dies nicht möglich ist, zumindest auf die *meditatio*, die Rezitation aus dem Gedächtnis, zurückzugreifen, »um so der Regel täglich zu geben, was ihr zusteht« *(ut cottidie regulae reddat quod suum est). Lectio* und *meditatio* sind konstitutive Bestandteile der Regel und bestimmen ihren Status.

3. Die Regel als liturgischer Text

3.1. Die *lectio* ist seit jeher integraler Bestandteil der christlichen Liturgie. Dass sie auf die allem Anschein nach kantillierte Lesung der *Torah (qeri'at Torah)* in der Synagoge zurückgeht, ist heute allgemein anerkannt. Zwei der ältesten Zeugnisse einer solchen Lesung, deren Ursprung nach der Überlieferung auf Moses zurückgeht (Dtn 31,10 f.: »Je nach sieben Jahren, zur Zeit des Erlassjahres, beim Laubhüttenfest, wenn ganz Israel kommt, zu erscheinen vor dem Herrn, deinem Gott, an dem Ort, den er erwählen wird, sollst du dies Gesetz vor ganz Israel vorlesen, vor aller Ohren.«), finden sich im Neuen Testament. Das erste (Apg 13,15) zeigt Paulus, der mit seinen Gefährten in der Synagoge von Antiochia einer Lesung aus dem Gesetz *(anagnosis tou nomou)* beiwohnt, nach der er aufgefordert wird, die vorgetragene Stelle zu kommentieren (»Nach der Lesung aus dem Gesetz und den Propheten schickten die Synagogenvorsteher zu ihnen und ließen ihnen sagen: ›Brüder, wenn ihr ein Wort des Trostes für das Volk habt, so redet.‹«). Im zweiten (Lk 4,16 – 21) ist es Jesus selbst, der in der Synagoge von Nazareth liest und kommentiert:

Es war Sabbat, und er ging, wie es seine Gewohnheit war, in die Synagoge und stand auf, um zu lesen. Ihm wurde das Buch des Propheten Jesaja gereicht, und nachdem er die Schrift entrollt hatte, fand er die Stelle, wo geschrieben steht: »Der Geist des Herrn ist über mir, deshalb hat er mich geweiht und mich gesandt, den Armen die gute Nachricht zu bringen, den Gefangenen die Freilassung und den Blinden das Gesicht, damit ich die Unterdrückten befreie und ein Gnadenjahr des Herrn ausrufe.« Nachdem er die Schrift wieder eingerollt hatte, gab er sie dem Synagogendiener zurück und setzte sich. Die Augen aller in der Synagoge waren auf ihn gerichtet. Da begann er, ihnen darzulegen: »Heute hat sich diese Schrift in euren Ohren erfüllt.«

Diese Zeugnisse beweisen, dass der Text der *Torah* schon zu Jesus' Zeiten in der Synagoge gelesen wurde, womöglich schon – wie wir aus jüngeren Quellen schließen können – unterteilt in *parashot* (Perikopen); und dass neben dem Pentateuch auch – *haftarot* genannte – Stellen aus den Propheten gelesen wurden und auf die Lesung ein homiletischer Kommentar *(derasha)* folgte, für den Paulus und Jesus Beispiele liefern.

Die Lesung der *Torah* nahm mit der Zeit die Form einer *lectio continua* an, die in Palestina auf einen dreijährigen Zyklus verteilt war, der am ersten oder zweiten Sabbat des Monats *nisan* begann; in Babylon erstreckte sie sich auf ein Jahr und begann nach dem Laubhüttenfest (WERNER, S. 89). Die Lesung der Propheten war hingegen nicht durchgehend, sondern bestand jeweils aus einer isolierten Stelle, die mit Blick auf den an diesem Tag zu lesenden *Torah*-Abschnitt ausgewählt wurde.

Die Kirche folgte dem Beispiel der Synagoge und führte zunächst wöchentlich stattfindende Lesungen des Alten Testaments ein, der sich spätestens ab dem Ende des 2. Jahrhunderts die *lectio* neutestamentlicher Texte anschloss. Auch wenn wir nicht wissen, welchen Aufbau und Inhalt die Lesungen ursprünglich hatten, die ambrosianische, die mozarabische und die älteste gallikanische Liturgie wahrten eine Folge von drei *lectiones*, einer des Alten und zweier des Neuen Testaments. Anfangs war das Prinzip der *lectio continua* vorherrschend, doch wahrscheinlich setzt es sich bereits im Laufe der ersten drei Jahrhunderte durch, dass der Bischof den Diakon und den *lector* anwies, welche Stellen zu lesen waren. Mit dem Ende des 5. Jahrhunderts wird die *lectio continua* von einer mit der Formierung des liturgischen Jahres einhergehenden Auswahl und Festlegung von Perikopenreihen verdrängt. Dieses System mündete in der Produktion von – *lectionarii, comites* oder *epistolaria* genannten – Büchern, in denen die täglich zu lesenden Perikopen verzeichnet waren. Eines der ältesten Lektionare, der mozarabische *Liber comicus de toto circuli anni*, präsentiert die nach den Festtagen des liturgischen Kalenders geordneten Perikopen in folgender Form: *legendum in 1° dominico de adventu Domini ad missam*, gefolgt von den zu lesenden Texten – in diesem Fall zwei Jesaja-Stellen und eine aus dem Römerbrief. Handelte es sich um eine *lectio solemnis*, waren Sprechgesang und Psalmodie obligatorisch.

3.2. Wenn das liturgische Jahr, wie wir gesehen haben, gleichsam ein kalendarisch getaktetes Memorial der Werke Gottes ist, dann ist die Lesung der heiligen Schrift das erhabenste Instrument, um jeden Tag, letztlich jede Stunde mit einem Ereignis der Sakralgeschichte in ein anamnestisches Verhältnis zu bringen. Doch gemäß der festen Absicht, die die christliche Liturgie bestimmt, beschränkt sich die Lesung nicht darauf, vergangene Ereignisse ins Gedächtnis zu rufen oder feierlich zu begehen, sie soll auch das »Wort des Herrn« vergegenwärtigen, als ob es in diesem Moment Gott selbst aufs Neue aussprechen würde. Um es mit den Worten des *Missale romanum* zu sagen:

Cum sacrae scripturae in Ecclesia leguntur, Deus ipse ad populum suum loquitur et Christus, praesens in verbo suo, Evangelium annuntiat. Die mit der *lectio* einhergehende Anamnesis »repräsentiert« im etymologischen Wortsinn, das heißt, vergegenwärtigt performativ die Wirklichkeit dessen, was gelesen wird.

Am performativen *Charakter* der liturgischen Lesung lassen Nicolaus Cabasilas' deutliche Worte in seiner *Erklärung der göttlichen Liturgie* keinen Zweifel. In den gelesenen und gesungenen Wörtern »sehen wir *(horōmen)*«, laut Cabasilas, »die Darstellung Christi, die Werke, die für uns vollbracht und die Leiden, die er für uns erduldet hat. Mit den Psalmodien und Lesungen, wie mit allen Handlungen des Priesters während der Feier, wird die gesamte Ökonomie des Erlösers bezeichnet *(sēmainetai)*« (CABASILAS, S. 60). Während »die gesamte Mystagogie wie die Ikone eines Körpers ist, der das Leben des Erlösers ist«, haben die Gesänge und Lesungen die Funktion, die einzelnen Momente der Ökonomie Christi zu bezeichnen und uns »vor Augen [zu] stellen *(hyp' opsin agousa)*« (*ebd.*, S. 62). Die besondere Wirksamkeit der *lectio* manifestiert sich in ihrer zweifachen Wirkung, nämlich zugleich »die Gläubigen zu heiligen *(hagiazein)* und die Ökonomie zu bezeichnen. […] Als göttliche Schriften und von Gott inspirierte Worte, heiligen die Gesänge und Lesungen jene, die lesen und singen; doch weil sie ausgewählt und in dieser Weise angeordnet wurden, haben sie noch eine andere Macht *(dynamin)* und verwirklichen die Bezeichnung *(sēmasian)* der Gegenwart *(parousias)* und des Lebens Christi« (S. 130).

Dass das Wort *sēmasia* hier weit mehr bedeutet als eine bloße sprachliche »Bezeichnung«, bestätigt Cabasilas selbst, wenn er feststellt, dass die Lesungen »die Offenbarung des Herrn sichtbar machen *(tēn phanerōsin tou Kyriou dēlousin)*« (S. 156). Gemäß der impliziten messianischen Intention der Worte Jesu aus der Episode in der Nazarener Synagoge erfüllt sich die Schrift in dem, der ihrer Lesung zuhört (»Heute hat sich diese Schrift in euren Ohren erfüllt [*peplērōtai*]«). Und aufgrund dieser besonderen performativen Wirksamkeit erhalten die Worte der *lectio*, wie schon in der Synagoge, einen sakramentalen Status und werden als *oblatio rationabilis* und *logikē thysia*, das heißt als worthaftes Opfer, in den Messkanon aufgenommen.

3.3. Wenn wir uns nun wieder der Frage nach dem Wesen der Ordensregeln zuwenden, können wir die These aufstellen, dass die *Magisterregel*, wenn sie die Regel zum Gegenstand einer *lectio continua* macht, tatsächlich deren liturgischen Status bekräftigt. Die Regel ist also ein Text, in dem nicht nur Schrift und Lesung die Tendenz haben, sich zu vermischen, sondern in dem durch eine vollständige Liturgisierung des Lebens und eine ebenso vollständige Verlebendigung der Liturgie auch Schrift und Leben, Sein und Dasein schlechterdings ununterscheidbar werden. Deshalb hat es wenig Sinn, aus dem Korpus der Regeln, wie Vogüé dies tut, einen »liturgischen Teil« herauslösen zu wollen, da dessen Ausführlichkeit und Sorgfalt »von keiner liturgischen Urkunde vor den *Ordines Romani* übertroffen« werde (Vogüé 2, I, S. 65). Es gibt in den Regeln keinen liturgischen Teil, weil, wie wir gesehen haben, das gesamte Leben des Mönchs zum Amt geworden ist: Mit derselben Akribie, die auf die das Gebet und die Lesung betreffenden Vorschriften verwendet wird, werden auch alle anderen Aspek-

te des Klosterlebens minutiös geregelt. Wie die ununterbrochene *meditatio* die *lectio* potentiell permanent werden
lässt, so wird jede Geste des Mönchs, jede noch so beschei-
dene Tätigkeit spirituelles Werk, ja, erlangt den liturgischen
Status eines *opus Dei*. Die Neuheit des Mönchtums besteht
gerade in dieser unausgesetzten Liturgie: eine Herausfor-
derung, auf die die Kirche mit dem Versuch reagierte, den
dem monastischen Kultus eigenen Totalitätsanspruch auch
in den Kathedralgottesdienst einzuführen.

Dies erklärt die frappierende Ähnlichkeit, die zwischen der
Tiefenstruktur der Regeln und der liturgischer Texte im
engeren Sinn besteht: Der klösterlichen Aufmerksamkeit
für die Form und die Bedeutung des Habits entsprechen in
den liturgischen Texten die umfangreichen Abschnitte *de
indumentis sacerdotum*, den Vorschriften zur Mönchsprofess die Kapitel *de ministris* und zur Priesterweihe, der
peinlich genauen Beschreibung der täglichen und nächt-
lichen Offizien der Mönche die grandiose Gliederung des
liturgischen Jahres. Dies erklärt jedoch auch die Differen-
zen und Spannungen, die sich durch die gesamte Kirchengeschichte ziehen. Denn wenn die Kirche aus dem Leben
eine Liturgie gewonnen hatte, hat sich diese in einer ab-
getrennten Sphäre konstituiert, deren Amtsinhaber der
Priester war, der das Priestertum Christi verkörperte. Die
Mönche heben die Trennung auf, und indem sie aus der
Lebensform eine Liturgie und aus der Liturgie eine Lebensform machten, schufen sie zwischen beiden eine spannungs-
geladene Ununterscheidbarkeitsschwelle. Das erklärt auch,
weshalb in den Regeln das Offizium des Gebets, der Lesung
und der Psalmodie gegenüber dem im eigentlichen Sinn
Sakramentalen die Vorherrschaft behauptet: So wird in der

Magisterregel, die bei der Beschreibung des Ersten höchste Sorgfalt walten lässt, die Messe lediglich im Zusammenhang mit der festtäglichen Psalmodie erwähnt (*ebd.*, II, S. 208) und die Kommunion kurioserweise in dem Abschnitt behandelt, der die wöchentlichen Küchendienste der Mönche regelt (S. 104). Dies ist auch der Grund für die strenge Unterscheidung von Mönch und Priester, der im Kloster zwar als Pilger *(peregrinorum loco)* beherbergt werden darf, dem es jedoch weder erlaubt ist, dort auf Dauer zu wohnen, noch eine wie auch immer geartete Autorität innerhalb seiner Mauern zu beanspruchen (*nihil praesumant aut eis liceat vel aliquid ordinationis aut dominationis aut dispensationis Dei vindicent* – S. 343).

Wenn die Liturgie vollständig im Leben aufgeht, verliert das grundlegende Prinzip des *opus operatum*, das seit Augustinus die moralischen Qualitäten des Priesters von der Wirksamkeit seines Amts trennte, seine Gültigkeit. Während auch der unwürdige Priester Priester bleibt und die von ihm vollzogenen Sakramentalhandlungen ihre Gültigkeit behalten, ist ein unwürdiger Mönch schlechterdings kein Mönch.

Ungeachtet der fortschreitenden Ausdehnung kirchlicher Kontrolle über die Klöster, die, wie wir gesehen haben, spätestens seit karolingischer Zeit unter die Vormundschaft des Bischofs gestellt wurden, verschwinden die Spannungen zwischen den »zwei Liturgien« nie ganz und leben just in dem Moment wieder auf, als die Kirche das Kloster in seine Ordnung integriert zu haben schien, bis es mit dem Franziskanertum und den religiösen Bewegungen des 12. und 13. Jahrhunderts zum offenen Konflikt kommt.

א Insofern könnte man die protestantische Reformation als die unnachgiebige Forderung des Augustinermönchs Luther betrachten, die kirchliche Liturgie durch die klösterliche zu ersetzen; es ist sicher kein Zufall, dass sich der Protestantismus in liturgischer Hinsicht durch den Vorrang des Gebets, der Lesung und der Psalmodie – also aus der monastischen Liturgie stammende Formen – und die Zurückdrängung des eucharistischen und sakramentalen Amtes auszeichnet.

א Das griechische Wort *leitourgia* leitet sich von *laos* (»Volk«) und *ergon* (»Werk«) ab und bedeutet »öffentliche Leistung, Dienst für das Volk«. Das Wort gehört von Beginn an zum politischen Vokabular und bezeichnet die Leistungen, die die wohlhabenden Bürger für die *polis* erbringen mussten (die öffentlichen Spiele organisieren, die Trieren ausrüsten, den Chor für die Staatsfeste unterhalten). In der *Politik* (1309a 17) warnt Aristoteles vor dem demokratischen Brauch, »kostspielige und unnütze Liturgien, wie Choregie, Lampadarchie und dergleichen auszurichten«.
Bezeichnenderweise geben die alexandrinischen Rabbiner, die die als Septuaginta bekannte Übersetzung der Bibel ins Griechische besorgten, das hebräische *sheret*, immer dann, wenn dieses Wort, das allgemein »dienen« bedeutet, in kultischer Bedeutung verwendet wird, durch das Verb *leitourgeō* (oft in Verbindung mit *leitourgia*) wieder. Ebenso bezeichnend ist, dass im Hebräerbrief Christus selbst als »*leitourgos* des Heiligen« (8, 2) bezeichnet wird, der »eine bessere *leitourgia* erhalten hat« (8, 6). In beiden Fällen ist die ursprünglich politische Bedeutung

des Wortes (für das Volk geleisteter Dienst) noch präsent. Wie es in Petersons *Buch von den Engeln* heißt, hat die Liturgie der irdischen Kirche »eine ursprüngliche Beziehung zur politischen Welt« (PETERSON, S. 202).

Schwelle

Gewiss ist das Mönchtum der vielleicht radikalste und rigideste Versuch, die *forma vitae* des Christen zu verwirklichen und die Figuren der Praxis, in denen sie sich entscheidet, zu bestimmen. Ebenso gewiss ist jedoch, dass dieser Versuch allmählich die Form einer Liturgie annahm, wenn auch in einem Sinn, der nicht völlig mit dem zusammenfällt, gemäß dem die Kirche den Kanon ihrer Ämter eingerichtet hatte. Deshalb hängen die Lebendigkeit und die Identität des Mönchtums davon ab, ob es ihm gelingt, seine Besonderheit gegenüber der kirchlichen Liturgie zu bewahren, deren Ausdifferenzierung dem Modell sakramentaler Wirklichkeit folgte und auf einer Verschränkung der säuberlich voneinander getrennten Subjektivität des Priesters und der Wirksamkeit *ex opere operato* seines Tuns beruhte.

In diesem problematischen Kontext erscheint das Zönobium als ein von zwei entgegengesetzten Spannungen durchlaufenes Kraftfeld, eine darauf gerichtet, das Leben in einer Liturgie aufzulösen, die andere darauf hin gespannt, die Liturgie in Leben zu transformieren. Einerseits wird alles Regel und Amt, so dass das Leben zu verschwinden scheint; andererseits wird alles Leben, die »Gebote des Gesetzes« verwandeln sich in »Gebote des Lebens«, so dass das Gesetz und die Liturgie außer Kraft gesetzt werden. Einem Gesetz, das sich in Leben auflöst, entspricht die gegenläufige Bewegung eines Lebens, das restlos im Gesetz aufgeht.

Recht betrachtet handelt es sich um zwei Aspekte ein und desselben Prozesses, in dem es um die unerhörte und aporetische Gestalt geht, die das Dasein der Menschen annahm, als die klassische Welt unterging und das christliche Zeitalter begann, die Kategorien der Ontologie und der Ethik in eine dauerhafte Krise gerieten und trinitarische Ökonomie und liturgische Wirksamkeit als neue Paradigmen das göttliche und menschliche Handeln zu bestimmen begannen. In beiden Fällen geht es also um eine fortschreitende, symmetrische Auflösung der Differenz von Sein und Tun, Gesetz (Schrift) und Leben, so als ob das Aufgehen des Seins in Handeln und des Lebens in Schrift, das die kirchliche Liturgie ins Werk setzte, in der klösterlichen Liturgie in entgegengesetzter Richtung verlief: von der Schrift (dem Gesetz) zum Leben und vom Tun zum Sein.

Freilich vertrug sich, wie in solchen Fällen üblich, die Neuheit des Phänomens durchaus mit untergründigen Kontinuitäten und brüsken Konvergenzen, durch die dem Christentum Elemente stoischer Ethik und des Spätplatonismus, jüdischer Traditionen und heidnischer Kulte zuwuchsen; und dennoch lebt und handelt der Mönch weder wie der stoische Philosoph, um ein moralisches Gesetz, das zugleich eine Weltordnung ist, zu beachten, noch wie der römische Patrizier, um eine Rechtsvorschrift oder einen rituellen Formalismus genauestens zu befolgen; weder erfüllt er, wie der Jude, sein *mitzwot* im Rahmen der Treuabsprache, die ihn an seinen Gott bindet, noch macht er, wie der Bürger Athens, von seiner Freiheit Gebrauch, um »die Schönheit *(philokalein)* mit Schlichtheit und die Weisheit *(philoso-phein)* ohne Verweichlichung zu suchen«.

In diesem historischen Spannungsfeld beginnt sich neben der Liturgie, oder besser in Konkurrenz zu ihr, so etwas wie eine neue Konsistenzebene menschlicher Erfahrung Bahn zu brechen. Es ist, als ob sich die Lebens-Form, in die sich die Liturgie verwandelt hat, zunehmend von ihr zu befreien versucht und, obgleich unablässig in sie zurückfallend und sich ebenso hartnäckig wieder von ihr befreiend, eine andere, noch unbestimmte Dimension des Seins und des Handelns erahnen lässt.

Insofern ist die Lebens-Form das, was der Absonderung, in der sie die Liturgie hält, unablässig entrissen werden muss. Neu am Mönchtum ist nicht nur, dass in seiner Liturgie Leben und Norm zur Deckung kommen, sondern auch und vor allem die Suche und Identifizierung von etwas, das die Syntagmen *vita vel regula*, *regula et vita*, *forma vivendi*, *forma vitae* unermüdlich zu benennen versuchen und das es nun genauer zu bestimmen gilt.

III. Lebens-Form

1. Die Entdeckung des Lebens

1.1. Zwischen dem 11. und 12. Jahrhundert entsteht und verbreitet sich in Europa – zunächst in Frankreich und Italien, dann auch in Flandern und Deutschland – ein komplexes Phänomen, das die Historiker nicht anders einzuordnen wussten als unter der Rubrik »religiöse Bewegungen«, wohl nicht zuletzt deshalb, weil es im Lauf der Zeit durch die Gründung neuer Orden und die Entstehung häretischer Sekten, die von der kirchlichen Hierarchie erbittert bekämpft wurden, auch kirchengeschichtliche Bedeutung erlangte. Diesem Phänomen hat Herbert Grundmann eine mittlerweile klassische Monographie gewidmet, die 1935 unter dem Titel *Religiöse Bewegungen im Mittelalter* erschien. Seine erklärte Absicht war es, zwei Tendenzen der Forschung entgegenzuwirken: einerseits der der konfessionellen Geschichtsschreibung, lediglich den aus den Bewegungen hervorgehenden Mönchsorden und häretischen Sekten Beachtung zu schenken, andererseits der entgegengesetzten einiger Historiker, nur nach der sozial- und wirtschaftsgeschichtlichen Bedeutung des Phänomens zu fragen. Entgegen diesen Tendenzen ging es Grundmann darum, die »Bewegungen« als solche ernst zu nehmen und deren »ursprüngliche Eigenart« und »religiösen Ziele« zu verstehen, das heißt, der Frage nachzugehen, welche Ereignisse, Interessen und Krisen »die Ausgestaltung der religiösen Bewegungen zu den verschiedenen Orden und Sekten bestimmt haben« (Grundmann, S. 9).

Untersucht man jedoch das umfassende Material, das

Grundmann für seine Arbeit herangezogen hat, bemerkt man sogleich, dass in den direkten und indirekten Quellen die Forderungen der Bewegungen zwar auf einer religiösen Ebene angesiedelt sind, die sich jedoch, was die Definition und Begrenzung des Bereichs und der Ausübung der Religion betrifft, durch wesentliche Neuerungen von der kirchlichen und monastischen Tradition abhebt. Folglich kann man durchaus versuchen, die Bewegungen vor oder jenseits der religiösen oder sozio-ökonomischen Bedeutung, die ihnen zweifellos zukommt, als solche zu erörtern. Ob es sich um Robert von Arbrissel, Waldes, Norbert von Xanten, Bernhard Prim oder Franziskus handelt, ob sich ihre Anhänger »Humiliaten«, »Arme Christi«, »gute Menschen«, »Minderbrüder« oder »Idioten« nennen, was sie fordern und wozu sie sich bekennen, betrifft nicht theologische oder dogmatische Fragen, Glaubensartikel oder Probleme der Schriftauslegung, sondern das Leben und die Lebensweise, ein *novum vitae genus*, das sie als »apostolisches« (*haeretici qui se dicunt vitam apostolicam ducere* [...]; *nos formam apostolicae vitae servamus* [...]) oder »evangelisches Leben« (*pure evangelica et apostolica vita* [...] *vivere; vita Vangelii Jesu Christi; vivere secundum formam Sancti Evangelii*) bezeichnen. Die Armutsforderung, die bei allen Bewegungen anzutreffen und keinesfalls neu ist, ist lediglich ein Aspekt dieser Lebensweise oder -form, der den Außenstehenden besonders aufstieß (*nudipedes incedebant; pecunias non recipiunt; neque peram neque calciamenta neque duas tunicas portabant* – ebd., S. 40); sie stellt jedoch nicht, wie in der monastischen Tradition, eine asketische und mortifikatorische Praktik dar, um das Heil zu erlangen, sondern ist jetzt unverzichtbarer und konstitutiver Bestandteil des »apostolischen«, »heiligen« Lebens, das sie, wie sie betonen, voll Freude führen. Insofern ist es bezeichnend, dass Olivi in seiner Polemik gegen die Meinung des Thomas, der zufolge die Armut nur ein Modus ist, zur Vollkommenheit zu gelangen, nicht aber die Vollkommenheit selbst *(quod paupertas non est perfectio, sed instrumentum perfectionis)*, behauptet, dass sie wesentlich und vollständig mit der evangelischen Vollkommenheit zusammenfällt (*usum pauperem esse de integritate et substantia perfectionis evangelicae* – Ehrle, S. 522).

Selbstredend war das Mönchtum seit seinen Anfängen untrennbar mit einer bestimmten Lebensweise verbunden; doch das zentrale Problem in den Klöstern und Einsiedeleien war nicht das Leben als solches, sondern die Regeln und Techniken, mittels deren es bis ins kleinste Detail organisiert werden konnte. Verstand man das Leben der Mönche traditionell, um die Terminologie eines zisterziensischen Textes zu verwenden, als »pönitentiell«, wurde nun sein »apostolischer«, also »engelhafter«, »vollkommener« Charakter geltend gemacht (*vita monachorum est apostolica et habitus eorum est angelicus et corona quam habent est et perfectionis signum et clericale* […] *monachorum vita non sit penitentialis, sed apostolica* – Thesaurus, S. 1644 – 1649). Ebenso klar ist, dass eine von einer Gruppe von Individuen strengstens befolgte Lebensform zwangsläufig Konsequenzen auf theoretischer Ebene hat, die Anlass zu Auseinandersetzungen und Streitigkeiten mit der kirchlichen Hierarchie geben können – und dies auch tatsächlich taten. Aber gerade weil die Aufmerksamkeit der Historiker ausschließlich auf diese Streitigkeiten gerichtet war, entging ihnen, dass es bei diesen Bewegungen vielleicht zum ersten

Mal nicht um die *Regel*, sondern um das *Leben* ging, nicht darum, diesen oder jenen Glaubensartikel geloben zu dürfen, sondern darum, auf eine bestimmte Weise zu leben, freudig und offen eine bestimmte Lebensform zu praktizieren.

Bekanntlich führte die Forderung der Armut und des *usus pauper* seitens der Franziskaner zu einer unerbittlichen theoretischen Auseinandersetzung mit der römischen Kurie, in deren Verlauf beide Seiten eine Fülle sowohl theologischer als auch rechtlicher Argumente ins Feld führten; doch wie Bartolus von Anfang an ahnte, war der springende Punkt kein dogmatischer oder exegetischer Gegensatz, sondern die *novitas* einer Lebensform, auf die das Zivilrecht gar nicht angewendet werden konnte. Auf diese »Neuheit« reagierte die Kirche mit einer Doppelstrategie: Sie versuchte, die Bewegungen zu mäßigen, zu ordnen, zu regeln, um sie entweder in einem neuen Mönchsorden aufgehen zu lassen oder in einen bereits bestehenden einzugliedern; war dies nicht möglich, verlagerte sie den Konflikt von der Ebene des Lebens auf die der Lehre, um sie als häretisch verdammen zu können. In beiden Fällen wurde gerade nicht bedacht, was die Bewegungen dazu bewogen haben mochte, für sich keine *Regel* zu fordern, sondern ein *Leben*, kein mehr oder weniger kohärentes Ideen- und Lehrgebäude, sondern eine *forma vitae* – oder, genauer, nicht auf einer neuen Auslegung der Heiligen Schrift zu beharren, sondern schlicht und einfach auf ihrer Übereinstimmung mit dem Leben, so als ob sie das Evangelium nicht lesen und auslegen, sondern bloß leben wollten.

Auf den folgenden Seiten wird es deshalb nicht so sehr darum gehen, am exemplarischen Fall des Franziskanertums die dogmatischen, theologischen oder rechtlichen Implikationen der von den Bewegungen geforderten Lebensform zu erörtern. Vielmehr soll der Frage nachgegangen werden, weshalb diese Forderungen im Wesentlichen auf der Ebene des Lebens gestellt worden sind. Wir fragen also zunächst, ob mittels der Termini »Leben« und »Lebensform« *(forma vitae, forma vivendi)* nicht womöglich etwas benannt werden sollte, dessen Bedeutung und Neuheit noch zu entziffern sind und das uns deshalb noch immer betrifft.

1.2. Anders als einige Gelehrte zu glauben scheinen, ist das Kompositum »Lebensform« keine franziskanische Erfindung. Es existiert bereits lange vor der Entstehung des Mönchtums und der spätantiken Biographie, von der es, anderen zufolge (COCCIA, S. 135), die mittelalterliche Hagiographie übernommen hatte. Eine Auswertung des *Thesaurus* zeigt, dass sich der Ausdruck bereits bei Cicero findet *(nostrae quidem rationis ac vitae quasi quandam formam* [...] *vides)* und nach ihm unter anderem bei Seneca *(hanc* [...] *sanam ac salubrem formam vitae tenete)* und Quintilian (in der Variante *certa forma ad quam viveremus).* Die Bedeutungen von *forma,* die die Redaktoren des *Thesaurus* in diesen Fällen verzeichnen, sind *imago, exemplar, exemplum, norma rerum.* Wie man der Quintilianstelle entnehmen kann, war es wahrscheinlich die Bedeutung von »Beispiel, Muster«, die zur Prägung des Syntagmas *forma vitae* geführt hat.

So wird in der Itala (Tit, 2,7) und der Vulgata *typos* mit *forma* übersetzt (und in der Vulgata zuweilen mit *exemplum* wiedergegeben): *ut nosmet ipsos formam daremus vobis ad imitandum* (2Thess, 3,9); *forma esto fidelis* (1Tim, 4,12; die Vulgata hat: *exemplum esto fidelium*).

In dieser Bedeutung begegnet der Ausdruck bei Rufinus (*emendationis vitae formam modumque* – Hist. mon., 6, 410 a), bei Hilarius (*Christus formam se ipsum agendi sentiendique constituens*), bei Sulpicius Severus (*esto* [...] *omnibus vivendi forma, esto exemplum* – Ep., 2, 19), bei Ambrosius (*cognitio verbi et ad imaginem eius forma vivendi* – Fug., 2, 9) und bei Augustinus in *De moribus Ecclesiae*, mal bezogen auf das Leben der Christen (*Nam Christianis haec data est forma vivendi, ut diligamus Dominum Deum nostrum ex toto corde* – PL, 32, 1336), mal unter typologischem Gesichtspunkt (*in his* [...] *valet forma mortis ex Adam, in aeternum autem valebit vitae forma per Christum* – Ep., 157, 20; fast wortgleich im Kommentar zum Korintherbrief des Ambrosiasters: *Adam enim forma mortis est, causa peccati; Christus vero forma vitae propter iustitiam* – PL, 17, 292).

Forma bedeutet hier »Beispiel, Paradigma«; doch die Logik, dem das Beispiel folgt, ist nicht einfach die Anwendung eines allgemeinen Gesetzes (vgl. AGAMBEN 2, S. 22 – 26). *Forma vitae* bezeichnet eine Lebensweise, die, da sie sich eng an eine Form oder ein Muster hält, von dem sie nicht getrennt werden kann, selbst zum Beispiel wird (so in Bernhard von Clairvaux, *Contra quaedam capitula errorum Abelardi*, cap. 17: [*Christus*] *ut traderet hominibus formam vitae vivendo* [...]).

Seltsamerweise dringt der Ausdruck erst relativ spät in die monastische Literatur ein. Er taucht weder in der *Regel der Väter* noch in der *Magisterregel* (wo sich der Terminus *forma* in der Bedeutung von Beispiel mehrmals findet) oder

der benediktinischen Regel auf. Als die religiösen Bewegungen ab dem 11. Jahrhundert das Syntagma wieder vermehrt verwendeten, legten sie die Betonung in gleichem Maße auf beide Termini, aus denen es sich zusammensetzt, um die völlige Übereinstimmung von Leben und Form, Beispiel und Nachfolge zu unterstreichen. Zu einem regelrechten Terminus technicus der monastischen Literatur sollte das Syntagma *forma vitae* jedoch erst mit den Franziskanern werden, für die das Leben als solches zur alles entscheidenden Frage wurde.

1.3. Im Jahr 1312, mehr als achtzig Jahre nach Franziskus' Tod, greift Clemens V. mit der Bulle *Exivi de Paradiso* in den Streit zwischen Spiritualen und Konventualen ein. Nachdem er den Orden der Minoriten mit einem Garten verglichen hat, *in quo quietius et securius vacaretur contemplandis servandisque huiusmodi operibus exemplaris*, kommt der Papst auf die Lebensweise der Franziskaner zu sprechen: *haec est illa coelestis vitae forma et regula, quam descripsit ille confessor Christi eximius sanctus Franciscus*. Die Kombination des Kompositums »Lebensform« mit dem Terminus »Regel« ist nicht neu. In der franziskanischen Literatur findet er sich des Öfteren. Doch gerade deshalb ist es angebracht, zunächst zu klären, ob es sich um ein Hendiadyoin handelt, in dem die beiden Ausdrücke zu Synonymen werden, oder ob sie vielmehr verschiedene Bedeutungen haben und, wenn dem so ist, worin der Unterschied besteht und was die strategische Bedeutung ihrer Verknüpfung ist.
Eine Auszählung der Okkurrenz des Kompositums »Lebensform« in den franziskanischen Quellen zeigt, dass es in den Schriften, die Franziskus zugeschrieben werden, nicht

auftaucht. In der nicht bullierten Regel, die, wie wir gesehen haben, mit der entschiedenen Erklärung *Haec est vita Evangelii Iesu Christi, quam frater Franciscus petiit a Domino Papa concedi et confirmari sibi* beginnt, stellt er die beiden Termini *regula* und *vita* nebeneinander (*regula et vita istorum fratrum haec est, scilicet vivere in oboedientia, in castitate et sine proprio* – FRANZISKUS 1, I, S. 6). Die Kombination wird in der bullierten Regel von 1223 wieder aufgenommen (*regula et vita minorum fratrum haec est [...] – ebd.*, S. 108). Im Testament taucht der Terminus *forma* auf; er steht jedoch nicht neben *vita*, sondern neben *vivere*, und zwar dort, wo Franziskus schreibt, dass Christus selbst ihm offenbart hat, *quod deberem vivere secundum formam sancti Vangelii*. Da Franziskus kurz zuvor die Priester als diejenigen bezeichnet, »die gemäß der Form der heiligen römischen Kirche leben« (*qui vivunt secundum formam sanctae Ecclesiae Romanae – ebd.*, S. 220), ist klar, dass das Testament von zwei Lebensformen spricht. Einerseits erklärt Franziskus, dass der Herr ihm »einen so großen Glauben« an die Priester gegeben hat, die »der Form der römischen Kirche gemäß« leben, dass er sie, selbst wenn er von ihnen verfolgt werden würde (bezeichnenderweise wird diese Möglichkeit erwogen), als seine Herrn fürchten, lieben und ehren würde; andererseits ist er darauf bedacht festzustellen, dass »nachdem mir der Herr Brüder gegeben hatte, mich niemand unterwies, was ich tun sollte (*quid deberem facere*), doch der Allerhöchste selbst offenbarte mir, dass ich der Form des heiligen Evangeliums gemäß leben sollte (*quod deberem vivere*)«, und fügt sogleich hinzu: »und ich ließ (es) mit Schlichtheit und wenigen Worten aufschreiben, und der Herr Papst bestätigte (es) mir« (*Et ego paucis verbis et simpliciter feci scribi et dominus papa confirmavit mihi – ebd.*, S. 222).

Der technische Gegensatz zwischen dem substantiellen, inhaltlichen *quid* (*was* ich tun sollte) und dem existentiellen, faktischen *quod* (*dass* ich leben sollte) macht deutlich, dass sich Franziskus nicht auf eine Regel im eigentlichen Sinn bezieht, die Gebote und Verbote aufstellt *(quod deberem facere)*. Und es gibt nicht nur den Gegensatz zwischen »was« und »dass«, sondern auch zwischen »Tun« und »Leben«, der Beachtung von Vorschriften und Regeln und der schlichten Tatsache, gemäß einer Form zu leben (wir haben gesehen, dass Hugo von Digne in diesem Zusammenhang zwischen *promittere regulam* und *promittere vivere secundum regulam* unterscheidet). Gegner und Gefolgsleute verstanden sofort, dass die »Form des heiligen Evangeliums« nicht auf einen normativen Verhaltenskodex reduziert werden kann.

Doch was meint Franziskus, wenn er sagt, dass er jene Lebensweise mit Schlichtheit und wenigen Worten »aufschreiben ließ«? Diese »Schrift« (die sogenannte kurze Regel von 1210) ist den Gelehrten zufolge mit dem Text des Prologs und des ersten Kapitels der nicht bullierten Regel identisch, in der die *regula et vita* der Brüder in den »wenigen Worten« *vivere in oboedientia, in castitate et sine proprio* zusammengefasst werden, worauf vier Zitate aus dem Evangelium folgen. Die beiden folgenden Regeln fügen diesem wesentlichen, wenn auch unbestimmten, so doch offensichtlich für ausreichend erachteten Kern (die peremptorischen Aussagen *haec est vita e regula et vita* […] *haec est* lassen daran keinen Zweifel) lediglich Vorschriften hinzu, die Fragen betreffen wie die Aufnahme neuer Brüder, das Verhältnis zwischen den Ministern und den restlichen Brüdern, die Strafen, die Krankheiten, Sonderfälle wie das Reiten, der Umgang mit Frauen, das Annehmen von Almosen, das Bereisen der Welt, das Predigen und dergleichen, und sich darauf beschränken, Hinweise auf die Tradition der Ordensregeln zu geben, ohne dass dadurch die im Vorwort auf engstem Raum zusammengefasste Bestimmung, »gemäß der Form des heiligen Evangeliums zu leben«, berührt werden würde.

Folglich bestand der ursprüngliche Kern der Regel darin, »dem neutestamentlichen Bericht einen normativen Status« zuzuschreiben (TARELLO, S. 18). Verglichen mit diesem Kern stellen die folgenden Vorschriften und Verbote (in den modernen Ausgaben der nicht bullierten Regel die Kapitel II – XXIII – die Unterteilung in Kapitel gibt es in den Handschriften selbstverständlich nicht) lediglich Glossen mit Blick auf eine offensichtlich nicht erschöpfende Kasuistik dar. Aus dieser Vermengung von Regel und Evangelium in der Urregel* konnten Konsequenzen gezogen werden, die die Kurie nicht zu akzeptieren gewillt war: Bereits 1230 führte sie mit der Bulle *Quo elongati* eine Unterscheidung zwischen evangelischem Beispiel und Regel ein und entschied, dass der Mönch nur den evangelischen Weisungen verpflichtet sei, die in die Regel Eingang gefunden haben.

א Dem franziskanischen Grundsatz, dem zufolge die Regel das Leben Christi selbst sei, begegnet man schon in einer Schrift – den von der Überlieferung Basilius zugeschriebenen *Askētikai diataxeis* oder *Asketischen Unterweisungen* –, die den Franziskaner-Spiritualen geläufig gewesen sein dürfte, namentlich Clarenus, der den kappadozischen Mönch ins Lateinische übersetzt hat. »Jede Handlung [...] und jedes Wort *(pasa praxis [...] kai pas logos)* unseres Erlösers Jesus Christus«, sei laut diesem Text (PL, 31, 1326a-b) »eine Regel *(kanon)* der Frömmigkeit und der Tugend«; wenig später begegnet man der Idee vom Leben Christi als Muster und Bild des Lebens: »Der Erlöser stellt für all jene, die ein frommes Leben führen wollen, eine Form und ein Muster der Tugend auf *(typon aretēs kai programma)* [...] und gab all jenen, die ihm folgen wollen, sein eigenes Leben als Bild der besten Lebensweise *(eikona politeias aristēs)*« *(ebd.,* 1351d). Selbst die Benediktsregel erinnert daran, dass »jede Seite und jeder von Gott beglaubigte Ausspruch im Alten und im Neuen Testament eine genaue Richtschnur für das menschliche Leben *(rectissima norma vitae humanae)*« sei. Im Übrigen war es, wie bemerkt worden ist (TARELLO, S. 103), an sich nichts Neues, dem Text des Evangeliums einen normativen Wert beizumessen (Gratians *Concordantia* definiert das Naturrecht als *quod in Lege et Evangelio continetur)*; neu war jedoch, aus der völligen Gleichsetzung der Regel mit dem Leben Christi eine radikal neue Auffassung sowohl des Lebens als auch der Regel zu gewinnen.

1.4. Franziskus weist unermüdlich darauf hin, dass es sich bei »Regel und Leben« nicht nur um Präzeptistik handelt, sondern auch und vor allem um Nachfolge (*Domini nostri Iesu Christi* [...] *vestigia sequi* – FRANZISKUS 1, S. 6; oder noch unmissverständlicher im sogenannten, der hl. Klara mitgeteilten »letzten Willen«: *volo sequi vitam et paupertatem altissimi Domini – ebd.,* S. 228). Es geht nicht darum, auf das Leben eine Form – oder eine Norm – anzuwenden, sondern darum, gemäß jener Form zu leben, das heißt um ein Leben, das sich in der Nachfolge selbst Form gibt, mit ihr zusammenfällt.

Deshalb kann der wieder an die einleitende Erklärung *(haec est vita)* anknüpfende Schluss der nicht bullierten Regel auf die Dinge verweisen, *quae in ista vita scripta sunt.* Gerade weil hier keine Regel, sondern ein Leben, kein Normen- und Vorschriftenkodex, sondern eine Lebensform verschriftet worden ist, kann der Text selbst als »Leben« bezeichnet werden. In diesem Sinne muss auch die systematische Wiederkehr des Terminus *Leben* an der Seite von *Regel* – vorausgesetzt, dass der zweite Terminus nicht, wie einige Gelehrte meinen, später eingefügt wurde – verstanden werden: Die Form des evangelischen Lebens, die von Clemens V. beschworene *coelestis vitae formae,* ist niemals nur *Regel,* sondern zugleich immer auch *regula et vita* oder schlicht *vita.* Deshalb kann die nicht bullierte Regel dort von *Leben* sprechen, wo man *Regel* erwartet hätte (*si quis volens accipere hanc vitam* […] *si fuerit firmus accipere vitam nostram* […] – *ebd.,* S. 8), und sich mit Worten, die für gewöhnlich auf die Regel verweisen, unterschiedslos auf das Leben beziehen (*promittentes vitam istam semper et regulam observare* – S. 110).

Offensichtlich schwebt Franziskus etwas vor, dass er nicht einfach »Leben« nennen kann, was sich jedoch ebenso wenig mit dem Begriff »Regel« fassen lässt. Dies erklärt die Schwierigkeiten der Gelehrten angesichts dessen, was eine unterschiedslose Verwendung der beiden Termini zu sein scheint (Tabarroni, S. 81; vgl. Coccia, S. 112), jedoch in Wahrheit das genaue Gegenteil einer unnötigen Redundanz ist:

Die beiden Worte werden in ein Spannungsverhältnis gebracht, um etwas zu bezeichnen, das nicht anders bezeichnet werden kann. Wenn das Leben in der Regel in eben
dem Maße aufgeht wie umgkehrt die Regel im Leben, dann
nur deshalb, weil es bei beiden gleichermaßen um jene *novitas* geht, die Franziskus *vivere secundum formam (Sancti
Evangelii)* nennt und die wir nun genauer zu bestimmen
versuchen.

א Wie wir gesehen haben, prägte Unbestimmtheit das
Verhältnis von Leben und Regel in der monastischen
Tradition bereits in der Formel *vita vel regula*, die die
Lebensbeschreibungen der Juraväter einleitet (vgl. auch
in der *Regel der vier Väter*: *qualiter vitam fratrum, vel
regulam tenere possit* – Vogüé 1, S. 190). Anders als das
vel in der Formel von Lerins hat das franziskanische *et*
jedoch keine disjunktive Bedeutung. Während jenes bewirkt, dass sich Leben und Regel vermischen (»das Leben oder die Regel, das heißt das Leben als Regel« –
Thomas, S. 136), erzeugt das *et* ein Nebeneinander, das
zugleich Trennung bedeutet. (In diesem Zusammenhang
ist eine Stelle der nicht bullierten Regel aufschlussreich:
haec est vita Evangelii […] *e regula et vita istorum fratrum haec est* […] – zuerst nur das Leben, dann das
Nebeneinander von Leben und Regel.) Indem er das *vel*
durch ein *et* ersetzt, verbindet und trennt Franziskus die
beiden Termini, als ob die Lebensform, die ihm vorschwebt, nur am Ort des *et*, in der wechselseitigen Spannung von Regel und Leben entstehen könne.
In der franziskanischen Literatur wird an der Nähe bei
gleichzeitiger Unterschiedenheit von *vita (modus viven-*

di) und *regula* immer festgehalten. So bei Bonaventura: *Ex quibus patenter elucet, quod Fratrum minorum regula non discordat a vita, nec communis ipsorum modus vivendi discordat a regula* (BONAVENTURA 1, S. 376 – 11, 13). Noch deutlicher unterscheidet Ubertin von Casale den *modus vivendi* und den *status regularis,* die von Christus den Aposteln gegebene *forma evangelica in vivendo* und die *regula: (Franciscus) in auditu illius verbi in quo Christus, ut dictum est, formam tribuit apostolis evangelicam in vivendo* […] *statum regularem et modum vivendi accepit, predicte norme apostolice per omnia se coactans, et in hoc ordinem suum incepit; et ideo dicitur in principio regule: »Regula et vita minorum fratrum hec est, scilicet Domini nostri Ihesu Christi sanctum evangelium observare«, quasi summarie omnia que sunt in regula reducens ad formam evangelicam in vivendo* (UBERTIN, S. 130). Direkt im Anschluss zitiert Ubertin die Stelle der Regel, die besagt, dass die Brüder »geloben, dieses Leben und die Regel zu befolgen« *(promictentes istam vitam et regulam observare),* die er mit der *forma vitae et norma quam Christus servavit (ebd.,* S. 131) in Verbindung bringt. Wie bei Franziskus werden die nebeneinandergestellten Termini nicht etwa miteinander gleichgesetzt, sondern in ein wechselseitiges Spannungsverhältnis gebracht.

א Als ein Gefährte Franziskus fragte, warum er nichts gegen den Niedergang des Ordens unternimmt, dessen Mitglieder »die Einfachheit und die Armut, die das Prinzip und das Fundament unseres Ordens waren«, aufgegeben hätten, weist er ihn entschieden zurecht: Er solle ihn nicht in Dinge verwickeln, die nicht seine Aufgabe seien *(vis […] me implicare in his que non pertinent ad officium meum)*. »Wenn ich die Laster nicht durch das Predigen und das Beispiel besiegen und bessern kann, möchte ich nicht zum prügelnden und stäupenden Schindersknecht werden, wie die Macht dieser Welt *(nolo carnifex fieri ad percutiendum et flagellandum, sicut potestas huius seculi)*« (FRANZISKUS 1, II, S. 472 ff.). In dem Spannungsverhältnis, das das Franziskanertum zwischen Regel und Leben herstellt, ist kein Platz für die Anwendung des Gesetzes auf das Leben nach dem Paradigma der irdischen Mächte (zu denen im Wortverständnis der Zeit durchaus auch die Kirche zählte).

1.5. Andere franziskanische Quellen, die sich des Syntagmas *forma vitae* mehrmals bedienen, bestätigen diese Eigenheit der vom Gründer diktierten »Regeln«. Die Regel der hl. Klara, die erst 1253 von Innozenz IV. approbiert wurde, folgt in ihrer Vorrede der Definition der nicht bullierten Regel, ersetzt jedoch die Formulierung »Regel und Leben« des franziskanischen Textes durch »Lebensform« (»Die Lebensform des Ordens der Armen Schwestern, welche der selige Franziskus begründet hat, ist diese: […]« – FRANZISKUS 1, I, S. 304). Kurz darauf sagt Klara, die Worte des Franziskus wiedergebend, dass »der selige Vater […] uns die Lebensform auf folgende Art niederschrieb *(scripsit nobis formam vivendi in hunc modum – ebd., S. 316)*«. Allerdings enthält der kurze Text, der nun folgt, weder Vorschriften noch Regeln, sondern gibt, nach der knappen Erklärung, dass die Schwestern »das Leben nach der Vollkommenheit des heiligen Evangeliums« erwählt haben, lediglich ein Versprechen (»ich will und verspreche dies für mich und meine Brüder, für euch wie für diese, immer achtsame Sorge und besondere Aufmerksamkeit zu haben«). Was Klara »Lebensform« nennt, ist also kein Normenkodex, sondern etwas, das dem zu entsprechen scheint, was bei Franziskus »Leben«, »Regel und Leben« oder im Testament »gemäß der Form des heiligen Evangeliums leben« heißt.

Die Gelehrten haben sich gefragt (MARINI, S. 184 f.), ob von der *forma vivendi*, die Franziskus geschrieben hat, womöglich eine umfänglichere Fassung existiere. Bezeichnenderweise nennt Gregor IX. im *Angelis gaudium*, mit dem der Papst Agnes von Prag die Erlaubnis verweigert, dem franziskanischen Muster zu folgen, Franziskus' Text verkleinernd *formula vitae* und setzt ihm Hugolins als »Regel« bezeichnete Konstitutionen entgegen (*ipsae* – die Klarissen –, *formula predicta postposita, eamdem regulam* […] *observarunt* […] *te ac sorores tuas ab observantia predictae formulae de indultae nobis a Domino potestatis plenitudine absolventes volumus et mandamus quatenus eamdem regulam tibi sub bulla nostra transmissa reverentia filiali suscipias – ebd.*, S. 189). Gregor IX. spricht der *formula* des Franziskus – die er im Gegensatz zum *cibum solidum* der Konstitutionen mit dem *potum lactis* der Säuglinge vergleicht – den Regelcharakter ausdrücklich ab, was dafür spricht, dass *forma vitae* und *regula* nicht als Synonyme verstanden wurden. »Das Leben nach der Vollkommenheit des heiligen Evangeliums erwählen«, ist eine *formula vitae*, keine Regel.

Einen in diesem Zusammenhang entscheidenden Hinweis gibt eine Stelle der von Bonaventura von Bagnoregio 1266 verfassten *Legenda maior* (2, 8). Unter der Führung des

Franziskus, wie Bonaventura schreibt, »wäre die Kirche auf dreierlei Weise wieder aufgebaut worden: nach der von ihm gegebenen Lebensform, Regel und Lehre Christi *(secundum datam ab eo formam, regulam et doctrinam Christi trifor-miter renovanda erat Ecclesia)*«. Die von Bonaventura artikulierte Dreiteilung (die eine Stelle der *Vita* Thomas von Celanos fortschreibt: *ad cuius formam, regulam et doctrinam* – Franziskus 2, II, S. 90) entspricht den drei Ebenen oder Weisen, durch die die Tätigkeit der Kirche strukturiert wird; entscheidend ist jedoch, dass die Lebensform weder mit einem normativen System (im Fall der Kirche das kanonische Recht) zusammenfällt, noch mit einem *corpus* von Lehrsätzen (die Gesamtheit der Dogmen, in der die Kirche den katholischen Glauben artikuliert). Sie ist etwas Drittes, das zwischen Lehre und Recht, zwischen Regel und Dogma steht. Nur wenn man sich dieser Besonderheit der Lebensform bewusst ist, ist ihre Definition denkbar.

1.6. Thomas von Celano, der in seiner Lebensbeschreibung die Kombination von Lebensform und Regel des Öfteren verwendet, unterscheidet den ersten Begriff sowohl von der Regel als auch vom Leben im Allgemeinen. Die Episode der Abfassung der ersten Regel beschreibt er mit folgenden Worten: *scripsit sibi et fratribus suis* […] *simpliciter et paucis verbis vitae formam et regulam* (*ebd.*, S. 78). Da Thomas hier ganz offensichtlich Franziskus' Worte aus dem Testament zitiert und paraphrasiert, kann man davon ausgehen, dass die Formulierung *vitae forma et regula* dem *vivere secundum formam sancti Evangelii* des Regeltextes entspricht und dass das in der franziskanischen Literatur so häufig wiederkehrende Hendiadyoin der Versuch ist, das

vivere secundum formam des Franziskus zu erklären: Dem
Terminus »Regel« wird das Kompositum »Lebensform« an
die Seite gestellt, um zu unterstreichen, dass sie mehr ist als
eine Aufzählung normativer Vorschriften.

Im weiteren Verlauf, nachdem er von den Wundern des
Heiligen berichtet hat, schreibt Thomas: »Denn wir haben
uns nicht vorgenommen, die Wunder zu beschreiben, die
die Heiligkeit nicht machen, sondern offenbaren, sondern
vielmehr die Vortrefflichkeit seines Lebens und die Wahr-
haftigkeit seiner Lebensform *(sed potius excellentiam vitae
ac sincerissimam conversationis ipsius formam)*« (S. 140).
Conversatio bedeutet »Benehmen«, »Lebensweise«: Wenn
Thomas dieses Wort mit *forma* kombiniert und die Kombination in einer Bedeutung verwendet, die im Großen und
Ganzen der von *forma vitae* entspricht, macht er deutlich,
dass ihm nicht irgendeine Lebensweise vorschwebt, sondern eine, die sich durch Beispielhaftigkeit auszeichnet, jedoch nicht als Regel verstanden werden darf. Ganz in diesem Sinne wird in einem vorausgehenden Passus die Ebene
des Lebens *(qualiter denique vita et mores ipsorum [...]
forent proximis ad exemplum)* unterschieden sowohl von
jener der Befolgung einer Regel *(qualiter regulam quam sus-
ceperant possent sincere servare)* als auch von der unmittelbaren Beziehung zu Gott *(qualiter in omni sanctitate et
religione coram Altissimo ambularent –* S. 82 ff.). Das einer Form gemäße Leben beinhaltet – einer im mittelalterlichen Latein üblichen Verwendung des Wortes *forma* entsprechend – ein exemplarisches Verhältnis zu anderen, ohne
deshalb ein Synonym für *exemplum* zu werden.

Bei Bonaventura taucht das Syntagma *forma* (oder *formula*) *vitae* – oder auch schlicht *forma* (*Forma igitur praes-*

144

cripta apostolis [...] – BONAVENTURA 2, S. 157) – mehrmals auf, sowohl mit Bezug auf die Regel (*scripsit sibi et
fratribus suis simplicis verbis formulam vitae* – *Leg. Maior*,
3, 8) als auch in der Bedeutung von Lebensweise (so der
Titel *de forma interius conversandi* in den *Constitutiones
generales* [IV, 1], dem gleich darauf die Rubrik *de modo
exterius exeundi* entspricht; und die auf die Lebensweise der
Virgo et Mater Domini nostri Iesu Christi bezogene *forma
vivendi* in der *Apologia pauperum* [XI, 17]).
Man kann und muss also festhalten, dass das Kompositum
»Lebensform« im Franziskanertum eine technische Bedeutung annimmt. Und wie wir schon beim Ausdruck *regula
vitae* gesehen haben, ist auch hier der Genitiv nicht nur
objektiv, sondern auch subjektiv; die Form ist keine dem
Leben auferlegte Regel, sondern ein Leben, dass sich in der
Nachfolge Christi Form gibt, Gestalt annimmt.

1.7. In den Kommentaren zur Regel wird die Besonderheit
des franziskanischen Lebensbegriffs, der im Syntagma *forma vitae* in gerafftester Form zum Ausdruck kommt, immer wieder betont. So nimmt Angelus Clarenus das *incipit*
seiner *Expositio regulae* zum Anlass für einen ausführlichen
terminologischen Kommentar, in dem zum einen der Terminus *regula* der rechtlichen Sphäre im engeren Sinne ent-
zogen wird, zum anderen der Terminus *vita* zum Synonym
für »heilige« und »vollkommene« Lebensform gemacht und
dem rein vegetativen Leben entgegengesetzt wird. Lesen wir
diesen Passus, aus dem nicht nur Clarenus' Vertrautheit mit
der griechischen Sprache und monastischen Tradition, sondern auch seine Ratlosigkeit angesichts des Franziskustex-
tes spricht:

Regula, id est evangelicus canon, sanctificans decretum et lex gratiae et iustitiae Christi humilitatis et forma vivendi secundum exemplar Christi Iesus paupertatis et crucis.

Regula, quia recte ducit, et modum recte vivendi sine omni errore docet. Quos enim nostri grammatici declinare in partibus declinabilis orationis dicunt, hoc Graeci regulare et canonizare nuncupant.

Vita vero apud Graecos dicitur zoi et pro vita vegetativa et animali imponitur, vios vero apud eos pro virtuosa sanctorum conversatione tantum scribitur. Ita et nunc in regula et in omnibus sanctorum historiis hoc nomen vita pro sancta conversatione et perfecta virtutum operatione accipitur (CLARENUS, S. 140).

Hier wird die Regel, in ihrer Eigenschaft als *evangelicus canon*, als dem Vorbild des Evangeliums gemäße »Lebensform *(forma vivendi)*« bestimmt, mehr noch, sie wird nicht mit einem Gesetz im eigentlichen Sinn, sondern mit einer grammatischen Regel verglichen (»Die Griechen nennen ›regeln‹ und ›kanonisieren‹, was bei unseren Grammatikern ›deklinieren‹ heißt«). Andererseits werden unter Rückgriff auf die griechische Unterscheidung von *zōe* und *bios* zwei Bedeutungen des Wortes »Leben« einander gegenübergestellt, wobei *bios* mit der *sancta conversatio*, das heißt mit einer vollkommenen Lebensform, gleichgesetzt wird. Tatsächlich zeugt der gesamte Passus jedoch von den Schwierigkeiten, die Clarenus mit Franziskus' Sprachgebrauch hat, der in dem Syntagma *regula et vita* etwas – die »Lebensform« – zusammenzwingt, das der Kommentator nur fassen kann, wenn er einerseits *zōe* und *bios* unterscheidet und andererseits einander wiedersprechende Begriffe kombiniert *(sanctificans decretum, lex gratiae)*.

So eng das Verhältnis der Worte »Regel« und »Leben« auch

sein mag, zur Deckung kommen sie nie. Dies gilt auch für das christologische Modell: So schreibt Clarenus, dass Franziskus, der »das Evangelium als Regel angenommen hatte *(Evangelium pro regula acciperet)*«, deshalb sagte, er habe gelobt, »das Evangelium Christi und sein Leben« als Regel zu befolgen (*pro regula Evangelium Christi et vitam eius promisisse servare* – ebd., S. 186).

Auch Olivi, Clarenus' Vorbild und beständiger Bezugspunkt, beschäftigt sich in seinem Kommentar eingehend mit dem franziskanischen Syntagma *regula et vita*. Wie er schreibt, habe Franziskus, »indem er (die Regel) nicht nur Regel, sondern auch Leben nannte, den Sinn der Regel zu erklären versucht, die rechtes Gesetz und Lebensform und belebende Regel ist, die zum Leben Christi führt« (*vocans eam non solum regulam sed et vitam, ut sit sensus quod est regula, id est recta lex et forma vivendi et regula vivifica ad Christi vitam inducens* – OLIVI 1, S. 117). Eine solche Regel bestehe, wie es weiter heißt, nicht in einem Schriftstück *(in charta vel litterae)*, sondern »in den Taten und Werken des Lebens *(in actu et opere vitae)*«, nicht »in einer Verpflichtung und Ablegung von Gelübden *(in sola obligatione et professione votorum)*, sondern in einem Werk des Wortes und des Lebens und in der tatsächlichen Ausübung […] der Tugenden (*in verbali et vitali opere et in actuali applicatione* […] *virtutum)*« *(ebd.)*.

Deutlicher kann man nicht sagen, dass dort, wo das Paradigma der Regel ein Leben – das Leben Christi – ist, sich die Regel in Leben verwandelt, *forma vivendi et regula vivifica* wird. Das franziskanische Syntagma *regula et vita* bedeutet keine Vermengung von Regel und Leben, sondern deren Neutralisierung und Überführung in eine »Lebens-Form«.

In der *Expositio quatuor magistrorum*, dem ältesten Regel-kommentar, kommt der Unterschied zwischen Regel und Lebensform noch deutlicher zum Ausdruck. Die Frage, ob von der Regel, die den Brüdern vorschreibt, barfuß zu gehen, notfalls abgewichen werden kann, beantwortet der Text, nachdem er, gemäß einer typisch rechtlichen Kasuis-tik, die verschiedenen – dem Status, dem Ort, der Zeit und dem Amt entsprechenden – Formen der Notlage aufgezählt hat, wie folgt: *Calciari vero dispensationis est regulae in ne-cessitate, non calciari est forma vitae* (»Schuhe zu tragen fällt unter die Befreiung von der Regel im Notfall; keine Schuhe zu tragen ist die Lebensform« – *Quatuor mag.*, S. 135). Das lapidar vorgetragene Prinzip stellt den Bereich der Regel (hinsichtlich deren die Notlage eine Ausnahme von der Regel bedeutet) dem der Lebensform entgegen als zwei einander berührende Ebenen, die jedoch überhaupt nicht zur Deckung kommen. Dort, wo rechtliche Erwägun-gen – über die Möglichkeit einer *dispensatio* – angestellt werden, gibt es Regel; demgegenüber ist das Barfußgehen keine Regelbeachtung – sonst hätte es *non calciari est regu-la* heißen müssen –, sondern Verwirklichung einer *forma vitae*.

א Dass die von den vier Magistern formulierte Maxime in der franziskanischen Tradition als Grundsatz galt, zeigt sich darin, dass sie in späteren Kommentaren, na-mentlich von Hugo von Digne und Ubertin von Casale, nicht nur wörtlich zitiert, sondern auch ihre Bedeutung hervorgehoben wird. Bemerkenswerterweise treten hier also, anders als in der herrschende Rechtslehre, die den Notstand als Grund für eine Ausnahme von der Norm versteht, im Notstand Regel und Leben auseinander: Nicht die Anwendung der Regel ist der Normalzustand, sondern die »Lebensform«, während die Ausnahme als *dispensatio regulae* erscheint.

2. Verzicht auf das Recht

2.1. Wir sind nun an einem Punkt angelangt, an dem das Verhältnis bestimmt werden muss, in dem das Syntagma »Regel und Leben« und die *forma vivendi* der Franziskaner zum Bereich des Rechts stand: Nicht nur weil dieses Verhältnis der Funke war, an dem sich der Streit mit der Kurie entzündet hat, sondern auch und vor allem deshalb, weil dessen klares Verständnis die Voraussetzung dafür ist, sowohl die Neuheit als auch die Unzulänglichkeit, den unglaublichen Erfolg und das vorhersehbare, die letzten Lebensjahre des Ordensgründers mit verzweifelter Verbitterung erfüllende Scheitern der franziskanischen Bewegung richtig einschätzen zu können.

Es ist vor allem die Armutsfrage, die in diesem Licht untersucht werden muss. Denn die *altissima paupertas*, mit der der Ordensgründer das Leben der Minoritenbrüder auf den Begriff bringen wollte, ist der Ort, an dem die Geschicke des Franziskanertums entschieden wurden, sowohl innerhalb des Ordens, im Konflikt zwischen Konventualen und Spiritualen, als auch in seinem Verhältnis zum weltlichen Klerus und der Kurie, mit denen es unter dem Pontifikat Johannes' XXII. zum Bruch kam. Die Historiker haben die wechselhafte Geschichte dieser Kontroverse in allen Einzelheiten rekonstruiert, von der Bulle *Exiit qui seminat* aus dem Jahr 1279, mit der Nikolaus III. Bonaventuras Thesen übernahm und den Grundsatz bestätigte, dass die Franziskaner, obgleich sie auf jegliches Recht, sowohl das Eigentums- als auch das Gebrauchsrecht verzichtet hatten (*quod proprieta-*

tem usus et rei cuiusque dominium a se abdicasse videtur), den bloß faktischen Gebrauch der Dinge beibehielten (*simplex facti usus* – MÄKINEN, S. 97), bis zur Bulle *Ad conditorem canonis* von 1322, mit der Johannes XXII. die Entscheidung seines Vorgängers aufhob, indem er behauptete, dass der Gebrauch vom Eigentum nicht getrennt werden könne, und dem Orden das Gemeinschaftseigentum an den Gütern, von denen er Gebrauch machte, überließ (*nec ius utendi, nec usus facti, separata a rei proprietate seu dominio, possunt constitui vel haberi* – ebd., S. 165).

Die Aufmerksamkeit der Gelehrten war jedoch so sehr auf die Geschichte des Ordens und sein schwieriges Verhältnis zur Kurie gerichtet, dass nur selten versucht wurde, auf theoretischer Ebene zu analysieren, was bei diesem Streit eigentlich auf dem Spiel stand. Wie vielfältig die Standpunkte und wie spitzfindig die theologischen und rechtlichen Argumente der Franziskaner, die sich an der Kontroverse beteiligten (neben Bonaventura müssen zumindest Olivi, Michael von Cesena, Bonagratia von Bergamo, Richard von Conington, Franziskus von Ascoli, Wilhelm von Ockham und Johannes Peckham genannt werden), auch gewesen sein mochten, das Prinzip, das von Beginn an unverändert blieb und nicht verhandelbar war, kann wie folgt zusammengefasst werden: Für den Orden wie für seinen Gründer ging es um die *abdicatio omnis iuris*, das heißt um die Möglichkeit, als Mensch außerhalb des Rechts zu existieren. Was die Franziskaner unermüdlich wiederholten, das, worüber auch der Generalminister des Ordens Michael von Cesena, obgleich er bei der Verdammung der Spiritualen mit Johannes XXII. gemeinsame Sache gemacht hatte, nicht zu verhandeln bereit war, ist, dass es für die

Mönche zulässig sei, sich der Güter zu bedienen, ohne irgendwelche Rechte (weder ein Gebrauchs- noch ein Eigentumsrecht) an ihnen zu haben: um mit Bonagratia zu sprechen, *sicut equus habet usus facti,* »wie das Pferd den faktischen Gebrauch, jedoch nicht das Eigentum am Hafer hat, den es frisst, so hat auch der Religiose, der auf jeden Besitz verzichtet hat, den bloß faktischen Gebrauch *(usum simplicem facti)* des Brotes, des Weins und der Kleider« (BONAGRATIA, S. 511). In dem uns interessierenden Zusammenhang kann das Franziskanertum also definiert werden – und darin besteht seine noch immer ungedachte und im gegenwärtigen Zustand der Gesellschaft völlig undenkbare Neuheit – als *der Versuch, ein den Bestimmungen des Rechts völlig entzogenes menschliches Leben und Handeln zu verwirklichen.* Wenn wir dieses dem Recht entzogene Leben »Lebens-Form« nennen, dann können wir sagen, dass im Syntagma *forma vitae* die ureigene Absicht des Franziskanertums zum Ausdruck kommt.

א Die Gleichsetzung der franziskanischen Lebensform mit dem animalischen Leben bei Bonagratia und Richard von Conington entspricht der besonderen Bedeutung, die den Tieren in der Biographie des Franziskus zukommt (die Vogelpredigt, die Befreiung des Schafs und der beiden Lämmchen, die Liebe zu den Würmern: *circa vermiculos nimio flagrabat amore* – FRANZISKUS 2, II, S. 156). Einerseits werden die Tiere vermenschlicht, sie werden zu »Brüdern« (»er nannte alle Geschöpfe Brüder« – *ebd.*), andererseits werden die Brüder, vom rechtlichen Standpunkt aus betrachtet, zu Tieren.

2.2. Es lohnt der Mühe, die Modalitäten und Argumente zu analysieren, durch die die Franziskaner diese Ausschaltung des Rechts hinsichtlich des Lebens verwirklichen. Zunächst einmal hatte schon die Bezeichnung »*Minoriten*-« oder »*Minder*brüder« rechtliche Implikationen, die von den modernen Gelehrten zwar bemerkt wurden, auf die sie jedoch, anders als auf die moralischen wie die Demut und den geistlichen Gehorsam, merkwürdigerweise nicht näher eingegangen sind. Hugo von Dignes Kommentar zur Regel zeigt, dass er sich ihrer völlig bewusst war: *fratris autem minoris est iuxta nomen suum, quod minor est, semper attendere* […] (Hugo von Digne 1, S. 162 f.). Rechtlich betrachtet sind die Franziskaner als »Mindere« im technischen Sinn *alieni iuris*, vergleichbar dem *filiusfamilias* und dem *pupillus* unter der Vormundschaft eines Erwachsenen *sui iuris*. Unter Berufung auf die Tradition des römischen Rechts entfaltet Bonaventura dieses Argument in der *Apologia pauperum*. Während alle Christen nach dem allgemeinen Recht Kinder des höchsten Pontifex sind und als solche zwar seiner Autorität unterworfen, doch insofern sie befreite Kinder sind, fähig, über die Kirchengüter zu verfügen, sind die Franziskaner »wie Kindlein und Familiensöhne dem Regiment des Vaters gänzlich unterworfen« *(tamquam parvuli et filiifamilias totaliter ipsius regimini deputati)*, folglich wie diese laut den Digesten nicht fähig, etwas zu besitzen, weil das Eigentum dem Vater zusteht und sie die Dinge nur gebrauchen dürfen *(propterea, sicut lege cavetur, quod »filiusfamilias nec retinere nec recuperare posse possessionem rei peculiaris videtur« (Digest., l, 17, De regulis iuris), sed patri per eum quaeritur; sic et in his pauperibus intelligendum est, quod rerum eisdem collatarum et sustentationem* *ipsorum patri pauperum deputetur dominium, illis vero usus* – BONAVENTURA 1, S. 368). Aus demselben Grund – die Beharrlichkeit, mit der sich Franziskus nicht nur als *parvulus*, sondern auch als *pazzus* bezeichnet, muss aus diesem Blickwinkel betrachtet werden – können sie dem *furiosus* verglichen werden, dem es verwehrt ist, durch Ersitzung das Eigentum eines Gutes, selbst wenn es sich in seinem Besitz befindet, zu erwerben: *Propter quod et iurisconsultus Iulianus ait: »furiosus et pupillus sine tutoris auctoritate non possunt incipere possidere, quia affectionem tenendi non habent, licet res suo corpore contingant, sicut si dormienti aliquid in manu ponatur«* (ebd., S. 370).

2.3. Tarello hat in einer bedeutenden Studie zeigen können, dass die Voraussetzung der franziskanischen Strategie in der Armutsfrage in der patristischen und kanonistischen Rezeption der Lehre von der ursprünglichen Gütergemeinschaft zu suchen ist (TARELLO, S. 28). Diese in Gratians *Decretum* aufgenommene Lehre behauptet, dass im Stand der Unschuld »durch Naturrecht alles allen gehört *(iure naturali sunt omnia omnibus)*«. Eigentum und menschliches Recht beginnen mit dem Sündenfall und mit der Errichtung einer Stadt durch Kain. Auf dieser Grundlage kann Bonagratia, Bonaventuras Thesen weiterentwickelnd, behaupten, dass die Franziskaner so wie der Mensch im Stand der Unschuld den Gebrauch der Dinge, aber nicht deren Eigentum hatte, dem Beispiel Christi und der Apostel folgend, auf jedes Eigentumsrecht verzichten, den faktischen Gebrauch der Dinge jedoch beibehalten können (*apostoli et fratres minores potuerunt a se abdicare dominium et proprietatem omnium rerum ... et sibi in omnibus rebus tantu-*

modo usum facti retinere – BONAGRATIA, S. 505). Im selben
Sinn begründet Hugo von Dignes Traktat *De finibus paupertatis*, der die Armut als *spontanea propter Dominum abdicacio proprietatis* bestimmt, die Zulässigkeit dieses Verzichts
und der aus ihm folgenden Trennung von Eigentum und
Gebrauch im Naturrecht, das gebietet, dass jeder seine Natur erhalten kann (HUGO VON DIGNE 2, S. 288 f.).
Abdicatio iuris – und die mit ihr einhergehende Rückkehr
zum Naturzustand vor dem Sündenfall – und Trennung
von Eigentum und Gebrauch sind die Dispositive, derer
sich die Franziskaner bedienten, um jenen Stand technisch
zu definieren, den sie »Armut« nannten.

א   Auffällig ist die Hartnäckigkeit, mit der die franziskanischen Theoretiker den Verzicht auf das Recht mit rechtlichen Begriffen zu formulieren versuchten. So nahm
Hugo von Digne, der im Traktat *De finibus paupertatis*
geschrieben hatte, dass den Minoriten »nur zu eigen ist,
nichts zu eigen zu haben von den vergänglichen Dingen«
(HUGO VON DIGNE 2, S. 289), in seinem Kommentar
der franziskanischen Regel dieselbe Formulierung wieder auf, um hinzuzufügen, dass sie »das eine Recht haben, kein Recht zu haben« (*Hoc autem est fratrum minorum proprium: nihil sub coelo proprium possidere. Hoc
ius: nullum in his que transeunt ius habere* – HUGO VON
DIGNE 1, S. 161).

2.4. Neben der *abdicatio iuris* führten die Franziskaner in
ihrem Streit mit der Kurie ein weiteres Argument ins Feld:
die geniale Verallgemeinerung des in sein Gegenteil ver-
kehrten Notstandsparadigmas. Folgen wir Ockhams Argu-

mentation, die er in dem Werk entwickelt, das von sich behauptet, es sei »unter großen Mühen in neunzig Tagen eilends und ohne schmückendes Beiwerk fertiggestellt worden« *(hoc opus nonaginta dierum, quamvis cursim et sermone nullatenus falerato, multo tamen complevi labore)*, und das ungeachtet seiner scheinbaren Parteilosigkeit tatsächlich eine scharfe Kritik der Bulle *Quia vir reprobus* ist, mit der Johannes XXII. im Jahr 1329 Michael von Cesenas *Appellatio* und Flucht beantwortet hatte.

Wie bereits vor ihm Bonagratia geht auch Ockham von dem schon im römischen Recht geltenden Prinzip aus (der *lex Rodia de iactu*), dem zufolge im Fall äußerster Not *(pro tempore necessitatis extremae)* jeder aufgrund des Naturrechts berechtigt ist, die Sachen anderer zu gebrauchen. Gegen die Behauptung des Papsts, dass es zwischen *ius* und *licentia* keinen Unterschied gebe, es folglich auch für die Franziskaner keine vom *ius utendi* unterschiedene *licentia utendi* geben könne, richtet sich Ockhams Unterscheidung zwischen einem *ius utendi naturale*, das allen Menschen zukommt, jedoch nur im Notstand gilt, und einem *ius utendi positivum*, das sich *ex constitutione aliqua vel humana pactione* ableitet. Laut Ockham haben die Minoriten zwar keinerlei positives Recht an den Dingen, die sie gebrauchen, sie haben jedoch ein natürliches Recht, das allerdings auf den äußersten Notfall beschränkt ist (OCKHAM, S. 561). »Daraus folgt, dass die Erlaubnis des Gebrauchs kein Gebrauchsrecht ist *(quod licentia utendi non est ius utendi)*; denn die Minoritenbrüder haben die Erlaubnis, von den Dingen zu anderer Zeit als der der äußersten Not *(pro alio tempore quam pro tempore necessitatis extremae)* Gebrauch zu machen, ein Gebrauchsrecht jedoch haben sie nur im

Fall äußerster Not; folglich ist die Erlaubnis des Gebrauchs kein Gebrauchsrecht (*ebd.*)«. Die Minoriten haben auf jegliches Eigentum und Erwerbsrecht verzichtet, jedoch nicht auf das natürliche Recht des Gebrauchs, das als Naturrecht unveräußerlich ist (*proprietati et potestati appropriandi licet renuntiare, sed iuri utendi naturali nulli renuntiare licet –* S. 562).

Man muss sich die Subtilität von Ockhams Strategie bezüglich des Rechts deutlich machen. Denn es ging für ihn darum, sich zugleich innerhalb und außerhalb des Rechts zu bewegen, einerseits die von der *Exiit qui seminat* bestätigte Zulässigkeit der *abdicatio iuris* unnachgiebig zu behaupten, andererseits, gegen Johannes XXII. gerichtet, die Franziskaner nicht der Möglichkeit zu berauben, wenn auch nur im Fall äußerster Not, auf das Naturrecht zurückgreifen zu können. Das bedeutet jedoch, dass die Minoriten den Ausnahmezustand zugleich umkehren und verabsolutieren: Im Normalzustand, in dem den Menschen positive Rechte zustehen, haben sie kein Recht, sondern lediglich eine Erlaubnis des Gebrauchs; nur in der äußersten Notlage treten sie wieder mit dem – natürlichen, nicht positiven – Recht in Beziehung.

Aus dieser Perspektive wird auch die zitierte Maxime aus der *Expositio quattuor magistrum* verständlich, der zufolge *calciari vero dispensationis est regulae in necessitate, non calciari est forma vitae*. Die Not, die die Minoriten von der Regel entbindet, setzt sie wieder in ihre – natürlichen – Rechte ein; befinden sie sich nicht in einer Notlage, haben sie keine Beziehung zum Recht. So wird, was für die anderen normal ist, für sie zur Ausnahme; was sich den anderen jedoch als Ausnahme darstellt, ist für sie Lebensform.

2.5. Emanuele Coccia hat in einem beispielhaften Aufsatz, der einer Analyse der Ordensregeln in rechtlicher Hinsicht gewidmet ist, die Neuheit und zugleich Aporie des Franziskanertums als »rechtliches Paradox« bezeichnet. Wenn das Mönchtum im Allgemeinen der Versuch ist, nicht so sehr die Beziehungen zwischen den Subjekten oder zwischen Subjekten und Objekten zum Rechtsgegenstand zu machen, als vielmehr die Beziehung des Lebens zu seiner Form, dann besteht die Besonderheit des Franziskanertums darin, aus einem rechtlichen Dispositiv, als das man laut Coccia die Regel betrachten muss, den Operator eines »rechtlichen Vakuums« zu machen (Coccia, S. 140), einer radikalen Entwindung des Lebens aus dem Bereich des Rechts.

Wir haben gesehen, wie die Franziskaner bei ihrer vorbehaltlosen Forderung nach einem Leben außerhalb des Rechts vorgegangen sind. Nicht die Regel, sondern der Notstand ist das Dispositiv, mittels dessen sie das Recht zu neutralisieren und sich zugleich einer letzten Beziehung mit ihm (in Gestalt des *ius naturale*) zu versichern suchten. Doch so wie die Regel kein rechtliches Dispositiv im eigentlichen Sinn ist, kann auch der Ausnahmezustand nicht als solcher bezeichnet werden. Er ist eher die Schwelle, auf der die franziskanische Lebensform mit dem Recht in Berührung kommt. Gegen Ende seines Kommentars vergleicht Olivi die franziskanische Regel mit einem Kreis, dessen Mittelpunkt Christus ist und der die Ebene der irdischen Güter nur im »Punkt des bloßen, notwendigen Gebrauchs« berührt (*haec regula tanquam vere sphaerica non tangit planitiem terrenorum nisi in puncto simplicis et necessarii usus* – Olivi 1, S. 194). Die Notlage ist der andere Punkt, in dem sich die franziskanische Lebensform (das Regel-Leben) und das – natürliche, nicht positive – Recht berühren. Zwischen diesen beiden Berührungspunkten, dem *punctum usus* und dem *tempus necessitatis*, müssen wir die Sphäre des minoritischen Regel-Lebens verorten, oder, mit Olivi zu sprechen: »alles wendet sich kreisförmig auf Christus und sein Evangelium als sein innerstes Zentrum zurück und endet, der Kreisform entsprechend, dort, wo es seinen Anfang genommen hat *(totaque se reflectit circa Christum circulariter et Evangelium eius tanquam circa suum intimum centrum, sicut instar circuli, unde exordium sumpsit, in idipsum finit)*« (*ebd.*). Der Gebrauch und die Notlage sind die beiden Extreme, die die franziskanische Lebensform definieren.

2.6. Vielleicht ist nun der Moment gekommen, um unsere Untersuchung der Ordensregeln wieder dort aufzunehmen, wo wir sie unterbrochen haben, um ihr Verhältnis zur Liturgie zu klären. Aus dieser Perspektive erschien das Kloster als ein von zwei widerstrebenden Spannungen durchlaufenes Kraftfeld, die eine bestrebt, das Leben in eine Liturgie zu transformieren, die andere, aus der Liturgie ein Leben zu machen. Will man diese Spannungen vollends verstehen, muss man sie in ihrem – antithetischen, gleichwohl engen – Verhältnis zum Paradigma des Priesteramts betrachten, das die Kirche immer weiter ausgebaut hat. Wenn sich das Leben des Priesters hier als ein *officium* darstellt, wenn das *officium*, wie wir gesehen haben, eine Schwelle der Unbestimmtheit zwischen Leben und Norm und zwischen Sein und Tun errichtet hat, behauptet die Kirche zur selben Zeit entschieden eine klare Unterscheidung von Leben und Liturgie, Individuum und Funktion, die in der Doktrin des *opus operatum* und der sakramentalen Wirksamkeit des *opus Dei* gipfelt. Nicht nur, dass die sakramentale Praxis des Priesters unabhängig von der Würdigkeit seines Lebens *ex opere operato* gültig und wirksam ist, aus der Doktrin des *character indelebile* folgt, dass der unwürdige Priester ungeachtet seiner Unwürdigkeit Priester bleibt.

Einem Leben, das seinen Sinn und Rang dem Amt verdankt, setzt das Mönchtum die Idee eines *officium* entgegen, das nur dann einen Sinn ergibt, wenn es Leben wird. *Der Liturgisierung des Lebens entspricht eine integrale Verlebendigung der Liturgie.* Insofern ist der Mönch das Wesen, das nur von seiner Lebensform bestimmt wird, so dass die Vorstellung eines unwürdigen Mönchs letzten Endes ein Widerspruch in sich ist.

Wenn sich daher der Ordensstand durch seine spezifische Differenz zum Priesteramt (das heißt zu einer Praxis, deren Wirksamkeit nicht von der Lebensform abhängt) definiert, dann ist klar, dass sich in der Dialektik dieser beiden Figuren des Verhältnisses von Leben und *officium* das historische Schicksal des Mönchtums entscheiden muss. Der Auflösung des Unterschieds entspricht die fortschreitende Klerikalisierung der Mönche und ihre Eingliederung in die Kirche, seiner Akzentuierung, Spannungen und Konflikte zwischen den Orden und der Kirche.

Mit der explosionsartigen Vermehrung religiöser Bewegungen an der Wende zum 13. Jahrhundert erreichten diese Spannungen ihren kritischen Punkt. Bezeichnenderweise war es gerade das Prinzip der Trennung von *opus operans* und *opus operatum*, das von den Bewegungen in Frage gestellt wurde. Was die Waldenser gegen die Kirche vorbrachten, war nicht nur die Unwirksamkeit der von einem unwürdigen Priester gespendeten Sakramente, sondern grundlegender, das Prinzip, dem zufolge das Recht, zu binden und zu lösen, zu weihen und zu segnen und die Sakramente zu verwalten, nicht der *ordo* und das *officium* gibt, sondern der Verdienst, also keine Frage des Rechts und der hierarchischen Nachfolge, sondern eine der Nachahmung des apostolischen Lebens ist. Alanus von Lille drückt es so aus:

Aiunt predicti heretici, quod magis operantur meritum ad consecrandum vel benedicendum, ligandum et solvendum quam ordo et officium. […] Dicunt etiam se posse consecrare, ligare et solvere, quia meritum dat potestatem, non officium et ideo qui se dicunt apostolorum vicarios, per merita debent habere eorum officia (*De fide contra hereticos*, PL, 210, 385; vgl. GRUNDMANN, S. 95).

Der Grundsatz, dem zufolge nicht das Amt, sondern das *meritum vitae* die priesterliche Autorität verleiht, wird auch von dem Juristen Hugo Speroni vertreten, gegen den der *magister* Vacarius im Namen der Kirche einwendet, dass das »Priestertum Sache des Rechts ist« *(Sacerdotium res iuris est)* und das Amt mit Religion und Nächstenliebe nichts gemein habe *(quid enim commune habet officium administrationis, qui est in rebus ipsis, ad meritum religionis et caritatis, quae est in mente ipsius hominis* – ebd., S. 515).
In beiden Fällen wird als Häresie verdammt, was in Wahrheit kein Glaubenssatz ist, sondern lediglich die notwendige Konsequenz einer Geisteshaltung, für die nicht das Amt, sondern die Lebensform die entscheidende Frage darstellt.

א Grundmann erinnert daran, dass sich Innozenz III., um eben dieser Häresie entgegenzuwirken, auf das Prinzip der Unterscheidung von *opus operans* und *opus ope-*

ratum berufen hat: *In sacramento corporis Christi nihil a bono maius, nihil a malo minus perficitur sacerdote* [...] *quia non in mente sacerdotis, sed in verbo conficitur creatoris* [...] *Quamvis igitur opus operans aliquando sit immundum, semper tamen opus operatum est mundum* (*De sacrii altaris mysterio*, PL, 217, 844). Deutlicher kann die Trennung von Leben und Amt nicht ausgedrückt werden.

2.7. Das Franziskanertum erweist sich als der Moment, in dem sich die Spannung zwischen *forma vitae* und *officium* auflöst, nicht weil das Leben von der Liturgie aufgesaugt worden wäre, sondern weil im Gegenteil Leben und Amt ihre tiefste Trennung erreichen. Es gibt bei Franziskus weder die Mobilisierung des *meritum vitae* gegen den *ordo*, wie in den religiösen Bewegungen seiner Zeit, noch, wie im frühen Mönchtum, die Verwandlung des Lebens in Liturgie und unablässiges Gebet, denn das Leben der Minoriten wird nicht vom *officium*, sondern ausschließlich von der Armut bestimmt. Freilich ist sowohl in der Regel als auch im Testament und in den Briefen vom Amt die Rede, doch es ist offensichtlich nichts weiter als der Punkt, an dem sich die Wege des »der Form des heiligen Evangeliums gemäßen Lebens« und des »der Form der heiligen römischen Kirche gemäßen Lebens« kreuzen. Bezeichnenderweise erinnert das Testament, nachdem es die beiden Lebensformen unterschieden und die Armut definiert hat, ohne jede Emphase und beinahe flüchtig daran, dass *officium dicebamus clerici sicut alios clericos, laici dicebant pater noster*. Und die bullierte Regel stellt in aller Nüchternheit fest: »Die Geistlichen tragen den Gottesdienst gemäß der Form der heili-

gen römischen Kirche vor. […] Die Laien hingegen sprechen vierundzwanzig Vaterunser […]«. Die Geistlichen,
»die rechtschaffen gemäß der Form der römischen Kirche
leben *(qui vivunt recte secundum formam Ecclesiae Romanae)*« (FRANZISKUS 1, I, S. 100), müssen eine kirchliche
Vorschrift befolgen, die Laien das Gebet sprechen, das
Franziskus allen anderen vorzog; doch vom Amt wird die
franziskanische Identität – wenn man bei einem Leben, das
auf jedes Eigentum verzichtet, von Identität überhaupt
sprechen kann – nicht bestimmt. Deshalb fehlt der Geste
des Franziskus die für viele spirituelle Bewegungen seiner
Zeit charakteristische »Priesterfeindschaft«: Es fiel ihm nie
schwer, der Kirche das zu geben, was der Kirche ist, das
heißt die ihr obliegende Verwaltung des *officium*. »Niemand soll die Priester richten, selbst wenn sie Sünder sind«,
lautet eine Ermahnung; und auch wenn Franziskus, darin
der monastischen Tradition treu, im *Brief an den gesamten
Orden* die Geistlichen daran erinnert, dass sie das Offizium
mit Hingabe vortragen sollen, »damit Stimme und Geist
übereinstimmen« (*ebd.*, S. 208), unterstreichen sowohl das
Testament als auch die Ermahnung nachdrücklich, dass
das Amt des »allerheiligsten Leibes und Blutes unseres
Herrn Jesus Christus« (S. 222) den Priestern vorbehalten
bleibt.

Im Übrigen war die Unterscheidung der beiden im Offizium
oder Amt sich berührenden Lebensformen so trennscharf,
dass in der ersten, *paucis verbis et simpliciter* geschriebenen
»Lebensform oder Regel« das Amt nicht einmal erwähnt
wird. Im selben Sinne berichtet die erste Lebensbeschreibung Thomas von Celanos, dass die Brüder, die sich in
Rivotorto um Franziskus geschart hatten, »das Offizium

noch nicht kannten« und »ihn deshalb inständig baten, er solle sie beten lehren«.

א Die Bedeutung der klaren Unterscheidung der zwei Lebensformen (»gemäß der Form der heiligen römischen Kirche leben« und »gemäß der Form des heiligen Evangeliums leben«) in Franziskus' Testament ist den Gelehrten und Kommentatoren entgangen. Doch nur von dieser Unterscheidung aus wird Franziskus' Strategie gegenüber der Kirche völlig verständlich.

Auch wenn Franziskus mehrmals die bedingungslose Unterordnung der Minoritenbrüder unter die Geistlichen behauptet, ist dies nur möglich und verständlich aufgrund der radikalen Verschiedenartigkeit der beiden Lebensformen. Bezeichnenderweise stellt Franziskus einem für die Brüder verfassten Offizium vom Leiden des Herrn einen Vers aus den Psalmen (55,8) voran: *Deus vitam meam annuntiavi tibi* (FRANZISKUS 1, I, S. 130). Das franziskanische Amt besteht in nichts anderem als der Ausstellung des eigenen Lebens vor Gott.

2.8. Wie wir gesehen haben, vollzieht sich eine ähnliche Trennung von Leben und Recht. Man könnte das Franziskanertum, das radikaler war als die anderen religiösen Bewegungen seiner Zeit und als alle anderen Mönchsorden, als die Erfindung einer »Lebens-Form« bezeichnen: eines Lebens, das mit seiner Form untrennbar verbunden ist, nicht weil es restlos im *officium* und der Liturgie aufginge, noch weil in ihm das Verhältnis zwischen dem Leben und seiner Form Gegenstand des Gesetzes geworden wäre, sondern gerade aufgrund seiner radikalen Fremdheit gegenüber dem

Recht und der Liturgie. Freilich war das Mönchtum von Anfang an die Erfindung einer Lebensweise, die jedoch ihrem Wesen nach eine *regula vitae* war, eine beispiellose Intensivierung des Gebets und des *officium*, das, mit dem Leben deckungsgleich geworden, entscheidenden Einfluss auf die Ausarbeitung der kirchlichen Liturgie ausüben sollte; doch eben das musste unweigerlich zu dem Problem führen, dass das Mönchtum in den Bereich der Kirche, die Liturgie und Amt zu ihrer zentralen Praxis gemacht hatte, immer mehr eingebunden wurde. Andererseits stellten zwar auch die dem Franziskanertum zeitgenössischen religiösen Bewegungen ihre unter anderem auch pauperistischen Forderungen auf der Ebene des Lebens; doch gerade weil sie es nicht vermochten, in der Lebensform ein mit den Institutionen und dem Recht völlig unvereinbares Element zu erkennen, mussten sie sich schließlich für die wahre Kirche halten, was den Konflikt mit der kirchlichen Hierarchie unvermeidlich machte.

Wenn es dem Franziskanertum gelang, nahezu hundert Jahre über den Tod seines Begründers hinaus den entscheidenden Konflikt mit der Kirche zu vermeiden, verdankt sich das der Weitsicht des Franziskus, der mit seiner Unterscheidung von *forma vitae* und *officium*, eines »der Form des heiligen Evangeliums gemäßen Lebens« und eines »der Form der heiligen römischen Kirche gemäßen Lebens« das minoritische Leben davor bewahren konnte, zu einer unablässigen Liturgie zu werden, und es stattdessen zu etwas machte, das in seiner *novitas* dem zivilen wie dem kanonischen Recht völlig fremd gegenüberstand. Da sich das der Form des heiligen Evangeliums gemäße Leben auf einer ganz anderen Ebene abspielt als das der Form der heiligen römischen Kirche gemäße, konnten die beiden Lebensformen gar nicht miteinander in Konflikt geraten. Der Name, mit dem die bullierte Regel diese Fremdheit gegenüber dem Recht bezeichnet, lautet *altissima paupertas* (FRANZISKUS 1, II, S. 114), der Terminus technicus, der in der franziskanischen Literatur die Praxis bezeichnet, in der sie sich verwirklicht, *usus (simplex usus, usus facti, usus pauper).*

3. Höchste Armut und Gebrauch

3.1. Die Einführung des *usus*-Begriffs zur Charakterisierung des franziskanischen Lebens geht auf Hugo von Digne und Bonaventura zurück. Hugo von Dignes *De finibus paupertatis* ist ein kurzer, zumindest auf den ersten Blick juristischer Traktat, der die Armut in ihrem Verhältnis zum Eigentum zu bestimmen versucht. Während die Armut als *spontanea propter Dominum abdicacio proprietatis* eine negative Definition erhält, lautet die technische Bezeichnung des Eigentums *ius dominii, quo quis rei dominus dicitur esse, quo iure res ipsa dicitur esse sua, id est domini propria* (Hugo von Digne 2, S. 283). Es folgt eine Bestimmung der zwei Weisen, auf die nach römischem Recht Eigentum erworben werden kann: durch Bemächtigung (wobei unterschieden wird, ob sich diese auf Güter bezieht, die jemandes Eigentum sind, oder auf Dinge *que in nullis sunt bonis*) und Verpflichtung (die *mutua* oder *non mutua* sein kann). Der Begriff des Gebrauchs wird wenige Seiten später eingeführt, als es gilt, den Einwand zu widerlegen, dem zufolge das Naturgesetz jedem Menschen gebiete, seine Natur zu erhalten, und man deshalb auf die Güter, ohne die eine solche Erhaltung nicht möglich ist, nicht verzichten könne. Laut Hugos Erwiderung gebiete das Naturgesetz den Menschen zwar, von den Dingen Gebrauch zu machen, die zu ihrer Erhaltung notwendig sind, verpflichte sie jedoch keineswegs zu deren Eigentum (*Haec siquidem, ut earum habeatur usus, sine quibus non conservatur esse nature, sed ut proprietas habeatur, nullatenus compellit* – ebd., S. 288 f.).

»Denn es ist nicht das Eigentum an Speisen und Kleidern, das die Natur erhält, sondern deren Gebrauch; deshalb kann man immer und überall auf das Eigentum verzichten, niemals und nirgends jedoch auf den Gebrauch *(proprietati ubique et semper renunciari potest, usui vero nunquam et nusquam).* Der Gebrauch der Dinge ist also nicht nur zulässig, sondern notwendig« *(ebd.).*

Der so dem Eigentumsrecht entgegengesetzte Gebrauch wird jedoch nicht näher definiert. Insofern überrascht es nicht, dass Hugo, wie wir gesehen haben, die franziskanische Verfassung noch ganz selbstverständlich – wenn auch womöglich nur ironisch – in einen rechtlichen Zusammenhang stellt: als das Recht, rechtlos zu sein.

In der *Apologia pauperum* – der 1269 verfassten Erwiderung auf die säkularen Pariser Magister, die die Bettelorden angegriffen hatten – unterscheidet Bonaventura vier mögliche Verhältnisse zu den irdischen Gütern: Eigentum, Besitz, Nießbrauch und bloßen Gebrauch *(cum circa res temporales quatuor sit considerare, scilicet proprietatem, possessionem, usumfructum et simplicem usum* – XI, 5; Bonaventura 1, S. 366). Lebensnotwendig sei nur der Gebrauch und als solcher unverzichtbar *(et primis quidem tribus vita mortalium possit carere, ultimo vero tanquam necessario egeat: nulla prorsus potest esse professio omnino temporalium rerum abdicans usum).* Die Minoriten, die gelobt hatten, Christus in äußerster Armut nachzufolgen, verzichteten folglich auf jedes Eigentumsrecht, behielten den Gebrauch der Dinge, die ihnen von anderen überlassen wurden, jedoch bei. Die folgende Behandlung des Gebrauchs bleibt stets auf das Recht bezogen. Bonaventura weiß, dass im Fall der verzehrbaren Güter der Gebrauch nicht vom Eigentum getrennt werden kann (dies war einer der von den säkularen Magistern erhobenen Einwände), findet aber in der Bulle *Quo elongati* Gregors IX. eine Rechtsgrundlage für deren Trennung. Billigend, dass die Minoritenbrüder »weder gemeinsam noch privat Eigentum haben, sondern dass der Orden den Gebrauch hat *(usum habeat)* an den Werkzeugen, den Büchern und den Dingen, die zu haben erlaubt ist, und die Brüder […] von ihnen Gebrauch machen *(his utantur)*«, habe der Papst, dessen *auctoritas* über jeder anderen steht, »das Eigentum vom Gebrauch getrennt *(proprietatem separavit ab usu)*, indem er das Eigentum sich und der Kirche vorbehielt und den Gebrauch dem Bedürfnis der Brüder gewährte« (*ebd.*, S. 368). Mehr noch als bei Hugo von Digne handelt es sich um eine rechtliche Argumentation: Wie im römischen Recht der *filiusfamilias* vom Vater ein *peculium* erhalten konnte, von dem er, ohne das es in sein Eigentum übergangen wäre, Gebrauch machen konnte, so sind die Minoriten *parvuli et filiifamilias* des Papstes, dem das Eigentum an den Dingen zukommt, von denen sie Gebrauch machen (*ebd.*). Und so wie derjenige, der über keinen *animus acquirendi* oder *possidendi* verfügt, kein Eigentum an Gütern erwerben kann, können auch die Minoriten, denen es an einem solchen *animus* definitionsgemäß mangelt, ja, die sogar das genaue Gegenteil wollen, »weder Besitz oder Eigentum erwerben noch Besitzer oder Eigentümer von etwas genannt werden« (S. 370).

Die Aufbietung des Gebrauchs gegen das Eigentumsrecht geschieht, zumindest auf den ersten Blick, so ausschließlich auf der Ebene des Rechts, dass sich die Gelehrten die Frage gestellt haben, ob der *simplex usus* für Bonaventura so etwas wie ein tatsächliches Recht sei (TARELLO, S. 354) oder ob nicht vielmehr das Recht selbst in seinem Innern ein rechtliches Vakuum hervorbringt (COCCIA, S. 140). Es besteht zwar kein Zweifel daran, dass die rechtliche Argumentation darauf abzielt, einen Raum außerhalb des Rechts zu eröffnen, ebenso sicher ist jedoch, dass die Außerkraftsetzung des Rechts nicht vom Recht selbst bewirkt wird, sondern von einer Praxis – der *abdicatio iuris* und dem Gebrauch –, die das Recht nicht hervorbringt, sondern als etwas ihm äußerliches wahrnimmt.

3.2. Die Bulle *Exiit qui seminat*, die Nikolaus III. 1279 erließ, um die Kontroverse zwischen säkularen Magistern und Bettelorden zu beenden, bedeutet einen weiteren Schritt in der Definition des Gebrauchs, die jedoch weiterhin auf das Recht bezogen bleibt. Wie bemerkt worden ist (MÄKINEN, S. 96), hat der Papst, der Bonaventuras Thesen nicht nur zu kennen scheint, sondern sie zuweilen fast wörtlich übernimmt, an dessen Liste der vier möglichen Verhältnisse zu den *res temporales* zwei wichtige Änderungen vorgenommen. Einerseits wird neben Eigentum, Besitz und Nießbrauch eine vierte Rechtsfigur eingeführt, das *ius utendi*; andererseits ist aus Bonaventuras *simplex usus* nun ein *simplex facti usus* geworden. Was es mit dieser Spezifizierung auf sich hat, wird kurz darauf angegeben: Es handelt sich um einen Gebrauch, »der deshalb nur faktisch und nicht laut Gesetz genannt wird, weil er als bloß faktischer Gebrauch, denen, die gebrauchen, durch das Gebrauchen keine rechtliche Handhabe gibt« (*usus non iuris sed facti tantumodo nomen habens, quod facti est tantum, in utendo praebet utentibus nihil iuris – Exit,* S. 194).

Wichtig ist diese Präzisierung nicht so sehr, weil so der begriffliche Gegensatz nun nicht mehr zwischen *dominium* und *usus* verläuft, sondern zwischen *ius utendi* und *simplex usus facti* innerhalb des Gebrauchs selbst (LAMBERTINI, S. 176); entscheidend ist vielmehr der Gegensatz von Faktum und Recht, von *quid iuris* und *quid facti*, der den Juristen als solcher durchaus bekannt war, und zwar nicht nur im Allgemeinen, sondern gerade hinsichtlich des Gebrauchs. So unterscheidet Azos *Summa institutionum* nicht zufällig am Beispiel der verzehrbaren Güter einen Gebrauch, der Recht *(ius)* oder Dienstbarkeit *(servitus)* ist, von einem »Gebrauch, der faktisch ist oder im Faktum besteht, wie essen und trinken *(qui est factum vel in facto consistit, ut bibendo et comedendo)*« (MÄKINEN, S. 98). Interessanterweise dient hier die Unterscheidung *quid iuris / quid facti*, anders als in der juristischen Tradition, nicht dazu, die einem bestimmten juristischen Sachverhalt entsprechende Sachlage festzustellen. Vielmehr stellen sich, wie es später in der Argumentation der Franziskaner gegen Johannes XXII. geschieht, essen und trinken als Paradigmen einer menschlichen Praxis dar, die bloß faktisch ist und keine rechtlichen Auswirkungen hat.

Wie schon Bonaventura stützt sich auch die Bulle auf das Dispositiv der Trennung von Eigentum und Gebrauch. Es ist also absolut folgerichtig, dass Nikolaus III. erklärt, dass das Eigentum an den Gütern, die die Franziskaner gebrauchen, dem Papst und der Kirche zusteht (*proprietatem et dominum […] in Nos et Romanam Ecclesiam apostolica auctoritate recepimus – ebd.*, S. 100).

3.3. Obgleich der Streit zwischen Konventualen und Spiritualen, der nach der Proklamation der *Exiit qui seminat* entbrannte, nicht zu einer Neudefinition des Gebrauchs führte, wurden in ihm einige seiner Eigenschaften bestimmt und Forderungen formuliert, die in unserem Zusammenhang von Interesse sind. Worum es in diesem Streit ging, kann man unschwer den Einwänden entnehmen, die Ubertin von Casale gegen die *Declaratio communitatis*, in der die Konventualen ihre Thesen dargelegt hatten, vorgebracht hat. Laut der *Declaratio* fiel der *usus facti*, in dem sich die franziskanische Armut zeigt, restlos mit dem Verzicht auf jegliches Eigentum zusammen, nicht, wie es die Spiritualen wollten, mit einem dem Gebrauch selbst innewohnenden Charakter, dem *usus pauper*: »Die Vollkommenheit der Regel besteht im Verzicht auf Eigentum, nicht in der Spärlichkeit des Gebrauchs *(abdicacio autem dominii et non usus parcitas est illa in qua consistit perfectio regulae)*« (UBERTIN, S. 119). Um den rein negativen Charakter dieser Definition abzumildern, fügt die Erklärung hinzu, dass er wie jedes *preceptum negativum* in Wahrheit zwei positive Handlungen vorschreibe: »nichts zu eigen haben zu wollen, was die innere Handlung betrifft, und, die äußere Handlung betreffend, die Dinge immer als nicht eigene zu gebrauchen *(velle non habere proprium quantum ad actum interiorem et uti re ut non sua quantum ad actum exteriorem)*« *(ebd.*, S. 119 f.). Auch hier wird der äußere Aspekt der *abdicatio proprietatis* dadurch bestimmt, dass die Formel »die Sache als eigene benutzen *(uti re ut sua)*«, die im römischen Recht den *animus possidendi* definiert, einfach umgekehrt wird. Und die *declaratio* fährt fort, dass gerade weil der Minoritenbruder die Dinge stets als nicht eigene benutzt, »ein und dieselbe Handlung sowohl armer als auch reicher Gebrauch sein kann *(potest esse aliquando idem actus vel usus pauperis et divitis)*, wie es dann, wenn der Arme im Haus des Reichen dasselbe Mahl isst wie dieser, offensichtlich der Fall ist« (S. 119).

Diese unbestimmte, rein negative Definition möchte Ubertin widerlegen.

Die Handlung und ihr Gegenstand sind – so sein Argument – korrelativ, der Grund des einen ist in dem der anderen enthalten, […] da es negative Gebote mit sich bringen, dass es nicht nur eine innere, sondern auch eine äußere positive Handlung gibt. […] Wenn es heißt, dass die äußere Handlung der Armut der Gebrauch der Dinge als nicht eigene ist, wende ich ein: Der Ausdruck »als nicht eigene« bezeichnet weder eine Handlung noch den formalen Grund einer äußeren Handlung, sondern fällt mit dem Verzicht auf Eigentum oder einem seiner Teile zusammen; wie derjenige, der das Gehorsamsgelübde ablegt, auch eine bestimmte äußere Handlung nach dem Ort und der Zeit gelobt, selbst wenn er gehorchend seinen Willen gebraucht, als wäre er nicht seiner, muss deshalb auch der, der das Armutsgelübde ablegt, zugleich armen Gebrauch *(usum pauperem)* geloben, selbst wenn er die Dinge ausnahmslos als nicht seine gebraucht (S. 166).

Der Anspruch der Spiritualen besteht also darin, dass der Gebrauch nicht nur negativ im Verhältnis zum Recht definiert wird *(uti re ut non sua)*, sondern einen eigenen formalen Grund hat und in einer objektiv bestimmten Operation endet. Deshalb bestimmt Ubertin im Rückgriff auf die philosophische Begrifflichkeit das Verhältnis von armem Gebrauch und Verzicht auf Eigentum als Verhältnis von Form und Stoff *(abdicatio enim proprietatis omnium se habet ad pauperem seu moderatum usum, sicut perfectibile ad suam perfectionem et quasi sicut materia ad suam formam* – S. 147) oder unter Berufung auf die Autorität des Aristoteles als Verhältnis von Handlung und Habitus (*sicut operatio ad habitum comparatur* – S. 148). Olivi hatte diesen Weg schon beschritten, als er schrieb, dass »sich der arme Gebrauch zum Verzicht auf jegliches Recht wie die Form zum Stoff verhält *(sicut forma se habet ad materiam, sic usus pauper se habet ad abdicationem omnis iuris)*« und dass deshalb der Verzicht auf das Eigentumsrecht ohne den *usus pauper* »leer und eitel« bleibt (*unde sicut materia sine forma est informis et confusa, instabilis, fluxibilis et vacua seu vana et infructuosa, sic abdicatio omnis iuris sine paupere usu se habet* – EHRLE, S. 508).

Es ist jedoch nicht die pauperistische Argumentation der Spiritualen, sondern die scheinbar unentschiedenere der Konventualen, der die Elemente einer Definition des Gebrauchs in seinem Verhältnis zum Eigentum entnommen werden können, die nicht nur auf dessen rechtliche, sondern auch und vor allem auf dessen subjektive Aspekte abhebt. In einem der von Delorme herausgegebenen Traktate wird das *uti re ut sua* als definitorische Eigenschaft des Eigentums psychologisch in einer Weise radikalisiert, bis Eigentum und Gebrauch im exemplarischen Fall des Geizigen und des *amator divitiarum* schließlich unvereinbar werden:

Der Zweck des Reichtums ist ein doppelter: ein ihm innewohnender Hauptzweck, der darin besteht, die Dinge als eigene zu benutzen, und ein äußerlicher, weniger wichtiger, durch den ein jeder die Dinge gebraucht: entweder zum Vergnügen, wie es der Unbesonnene tut, oder für das Wohlbefinden und die vollkommene Erhaltung der Natur, wie es der Besonnene tut, oder für den Lebensunterhalt, wie es der in evangelischer Armut Lebende

seinem Stand entsprechend tut. Dass etwas zum eigenen Vergnügen *(ad delectationem)* zu gebrauchen, an sich nicht der Zweck
desjenigen ist, der den Reichtum liebt, erhellt aus dem Fall des
Geizigen, der die Reichtümer überaus liebt, sie jedoch nicht zu
seinem Vergnügen gebraucht, sogar fast nicht zu essen wagt, und
je mehr in ihm das Verlangen nach Reichtümern wächst, umso
weniger macht er von ihnen Gebrauch, weil er sie nicht gebrauchen, sondern als sein Eigen behalten und anhäufen will *(quia eis
non vult uti, sed conservare ut proprias et congregare).* […] Die
Dinge zum Vergnügen zu gebrauchen ist mithin kein Zweck, auf
den das Eigentum an sich hingeordnet ist, und folglich verzichtet
derjenige, der auf das Eigentum verzichtet, nicht notwendig auch
auf diesen zweiten Gebrauch (Delorme, S. 48).

Auch wenn die Argumentation hier gegen Ubertins These
gerichtet ist, der zufolge »Reichtum mit Blick auf den Gebrauch erstrebt wird und folglich derjenige, der Ersteren
ablehnt, auch den Gebrauch ablehnen muss, wenn er ent-
behrlich ist«, wird dem Gebrauch – und im Besonderen der
Lust, die aus ihm gezogen wird – hier eine Konkretheit
wiedergegeben, die in den franziskanischen Armutstrakta-
ten gewöhnlich fehlt.

3.4. Den kritischen Moment in der Geschichte des Franziskanertums markiert die Bulle *Ad conditorem canonum*, mit
der Johannes XXII. die Möglichkeit bestreitet, Eigentum
und Gebrauch voneinander zu trennen und so die Voraussetzung der minoritischen *paupertas* beseitigt.
Die Argumentation des Papstes, der über eine unbestrittene
Kompetenz *in utroque iure* verfügte, beruht auf der Identifizierung eines Bereichs (die verzehrbaren Dinge wie Speisen,
Getränke, Kleider und dergleichen Lebensnotwendigkeiten

der Minoritenbrüder), in dem die Trennung des Eigentums vom Gebrauch nicht möglich ist. Schon im römischen Recht bezog sich der Nießbrauch nur auf jene Güter, die benutzt werden konnten, ohne ihre Substanz zu vernichten *(salva rerum substantia)*; deshalb gingen die verzehrbaren Güter, bezüglich deren man nicht von Nießbrauch, sondern von Quasi-Nießbrauch sprach, in das Eigentum desjenigen über, dem man sie zum Gebrauch überlassen hatte. Auch Thomas, dessen Heiligsprechung von Johannes XXII. betrieben wurde, hatte behauptet, dass bei den Sachen, »deren Gebrauch mit ihrem Verzehr zusammenfällt, [...] der Gebrauch nicht von der Sache selbst getrennt werden kann: Wenn man jemandem eine Sache zum Gebrauch überlässt, überlässt man ihm auch die Sache selbst *(cuicumque conceditur usus, ex hoc ipso conceditur res)*« (*S. th.*, 2a, 2ae, qu. 78, art. 1).

Auf diese Tradition gestützt, legt die Bulle *Ad conditorem canonum* fest, dass es bei den verzehrbaren Gütern unmöglich ist, ein *ius utendi* oder einen *usus facti* zu begründen oder zu haben, wenn man ihn vom Eigentum der Sache trennt (*nec ius utendi nec usus facti separata a rei proprietate seu dominio possunt constitui vel haberi* – MÄKINEN, S. 165). Der Unterschied zwischen *ius utendi* und *usus facti*, auf den sich Bonaventuras und Nikolaus' III. Thesen stützen, wird so neutralisiert. Und um selbst die Möglichkeit auszuschließen, auf den faktischen Gebrauch oder den *actus utendi sine iure aliquo* Anspruch erheben zu können, verneint die Bulle, dass ein solcher Gebrauch, da er mit der Vernichtung der Sache zusammenfällt *(abusus)*, besessen werden kann *(haberi)* oder auch nur als solcher *in rerum natura* existiert.

Hier zeigt sich, dass sich die Argumentation der Bulle nicht nur durch rechtlichen, sondern auch durch philosophischen Scharfsinn auszeichnet. Die schlechthin ontologische Frage lautet, ob ein Gebrauch, der nur in einem Missbrauch, das heißt in einer Vernichtung, besteht, existiert und anders besessen werden kann als als Eigentumsrecht – das allgemeine Recht bestimmt das Eigentum ja gerade als *ius utendi et abutendi*. Beim Gebrauch müssen laut dem Argument des Papstes drei Elemente unterschieden werden, eine dem Nutzer zukommende persönliche Dienstbarkeit, ein *ius personale* und ein *actus utendi*, der weder Dienstbarkeit noch Recht, sondern nur konkrete Praxis und Gebrauch ist *(tantum actus quidam et usus)*. »Ist es möglich, einen solchen Gebrauch zu haben«, fährt der Papst fort, »müsste man ihn entweder vor der Handlung oder während der Handlung oder nachdem die fragliche Handlung vollzogen wurde, haben. Dass dies nicht möglich ist, ist darin begründet, dass man das, was nicht existiert, schlechterdings nicht haben kann. Jetzt ist klar, dass die Handlung selbst, bevor sie vollzogen wird oder während sie vollzogen wird oder nachdem sie vollzogen wurde, *in natura* nicht existierte, weshalb man sie nicht haben kann *(actus ipse, antequam exercetur, aut etiam dum exercetur, aut postquam perfectus est, in rerum natura non est: ex quo sequitur, quod haberi minime potest)*« *(ebd., S. 171)*. Denn insofern ein Teil schon geschehen ist und ein anderer noch bevorsteht, existiert eine Handlung als werdende *(in fieri)* eigentlich nicht *in natura*, sondern bloß in der Erinnerung oder der Erwartung *(non est in rerum natura, sed in memoria vel apprehensione tantum)*: Es ist ein augenblickliches Sein, das zwar gedacht, aber nicht besessen werden kann (*quod autem fit instantaneum est, quod magis intellectu quam sensu perpendi potest –* ebd.).

א Mit seiner radikalen Entgegensetzung von Gebrauch und Konsum liefert Johannes XXII., als unfreiwilliger Prophet, das Paradigma der Unmöglichkeit des Gebrauchs, das seine vollkommene Realisierung erst Jahrhunderte später in der Konsumgesellschaft finden sollte. Denn ein Gebrauch, den man nicht haben kann, und ein Missbrauch, der immer ein Eigentumsrecht impliziert und deshalb immer jemandem gehört, bilden den Kanon des Massenkonsums. Andererseits hat der Papst, vielleicht ohne sich dessen bewusst zu sein, so auch die wahre Natur des Eigentums enthüllt, das sich am intensivsten gerade in dem Moment behauptet, in dem es mit dem Verzehr der Sache zusammenfällt.

3.5. In ihren Erwiderungen auf die Dekretale Johannes' XXII. verharren die um den Generalminister Michael von Cesena versammelten franziskanischen Theoretiker unverrückbar auf dem Standpunkt, dass eine Trennung des *usus facti* vom Eigentum nicht nur möglich, sondern auch legitim sei. Ihr Versuch, diese Trennbarkeit zu beweisen, endet in der Behauptung, dass der Gebrauch mit dem Eigentum nicht nur unvereinbar ist, sondern diesem vorausgeht. Schon die *declaratio* der Franziskaner, die die päpstliche Dekretale herausgefordert hatte, behauptete, dass im Leben der Apostel nicht das Eigentum, sondern der Gebrauch gemein war (»die Luft und das Sonnenlicht sind allen gemein, insofern sie nur gemein sind, nach dem gemeinsamen Gebrauch« – *solum secundum usum communem*, MÄKINEN, S. 160). In der Weiterentwicklung dieser These behauptet Bonagratia in seinem *Tractatus de paupertate*, dass im paradiesischen Zustand das göttliche Gebot, von allen Bäumen des Gartens – einen ausgenommen – zu essen, nicht nur in sich schloss, dass ihr Gebrauch unverzichtbar war, sondern auch dass nach natürlichem und göttlichem Recht ursprünglich nicht das Eigentum, sondern der Gebrauch gemein gewesen ist (*de iure nature et divino communis usus omnium rerum que sunt in hoc mundo omnibus hominibus esse debuit* […] *ergo usus rerum que per usu consumuntur non habet necessarium annexum meum et tuum* – BONAGRATIA, S. 504). Der gemeinsame Gebrauch der Dinge geht auch genealogisch dem Gemeineigentum, das sich aus dem menschlichen Recht ableitet, voraus oder bleibt von diesem getrennt.

Aus philosophischer Sicht besonders interessant sind Franziskus von Ascolis Einwände gegen das Argument Johannes' XXII., der faktische Gebrauch der Konsumgüter existiere in Wirklichkeit nicht und könne folglich niemandem zukommen. Um auch in diesem Fall die Möglichkeit des Gebrauchs zu rechtfertigen, erarbeitet Franziskus eine regelrechte Ontologie des Gebrauchs, in der Sein und Werden, Dasein und Zeit zusammenfallen.

Der Gebrauch verzehrbarer Güter, die er mit einem vielsagenden Begriff auch *usus corporeus* nennt, gehört der Gattung der »sukzessiven« Dinge an, über die man nicht simultan und dauerhaft *(simul et permanenter)* verfügen kann. Wie die verzehrbaren Güter werdend *(in fieri)* existieren, so ist auch ihr Gebrauch werdend und sukzessiv (FRANZISKUS VON ASCOLI, S. 118).

Bei dem Ding, dessen Sein mit seinem Werden zusammenfällt *(cuius esse est eius fieri)* – so sein philosophisch außergewöhnlich scharfsinniges Argument –, bedeutet Sein Werden; aber das Sein einer sukzessiven Sache ist sein Werden, und umgekehrt ist ihr Werden ihr Sein *(suum fieri est suum esse)*: folglich bedeutet das Sein des Gebrauchs tatsächlich sein Werden, und umgekehrt bezeichnet sein Werden sein Sein. Es ist also falsch, dass der tatsächliche faktische Gebrauch *(usus actualis facti)* niemals in Wirklichkeit existiert, andernfalls müsste man aus demselben Grund sagen, dass in Wirklichkeit niemals faktischer Gebrauch geschieht *(fieret)*, denn wenn es sein Sein und sein Werden, und das, was sein Werden ist, in Wirklichkeit nicht gibt, kann es auch nicht in Wirklichkeit geschehen *(si numquam est in rerum natura, numquam fit in rerum natura)*, was ungereimt und irrig ist *(ebd.,* S. 348).

Der Gebrauch erscheint hier als ein aus Zeit bestehendes Sein, dessen Denkbarkeit und Existenz mit denen der Zeit zusammenfallen:

Wenn man den Gebrauch, weil er nicht ist, auch nicht haben kann, dann kann man aus demselben Grund auch die Zeit, die nicht mehr ist als der faktische Gebrauch, nicht haben. Doch dann wäre unwahr, was im *Ekklesiastes* (3, 1) steht: »Ein jegliches hat seine Zeit« *(ebd.)*.

Anders als bei Bonagratia wird die Unvereinbarkeit und die Vorgängigkeit des Gebrauchs bezüglich des Rechts von Ockham im Zusammenhang mit dem wesentlichen Unterschied zwischen dem bloßen Akt des Gebrauchens *(actus utendi)* und dem Gebrauchsrecht *(ius utendi)* bestimmt. Zu Beginn des *Opus nonaginta dierum* unterscheidet er zunächst vier Bedeutungen des Wortes *usus* (Gebrauch als Gegensatz zur *fruitio,* Gebrauch im Sinne von Gewohnheit oder Brauch, Gebrauch als eine auf eine äußere Sache bezo-

gene Gebrauchshandlung – *actus utendi re aliqua exteriore* –
und Gebrauch in rechtlicher Bedeutung, das heißt als Gebrauchsrecht an fremden Gütern bei Unversehrtheit ihrer
Substanz), um dann den franziskanischen *usus facti* entschieden mit dem einfachen Akt, etwas zu benutzen, gleich-
zusetzen: »Sie [die Franziskaner] definieren den faktischen
Gebrauch als Gebrauchshandlung einer äußeren Sache, wie
wohnen, essen, trinken, reiten, ein Kleid anziehen und dergleichen (*actus utendi re aliqua exteriori, sicut inhabitare,
comedere, bibere, equitare, vestem induere et huiusmodi*)«
(OCKHAM, S. 300). Im selben Sinn unterscheidet Richard
von Conington das Recht von der *applicatio actus utendi ad
rem*, die an sich »eine bloß natürliche Sache« ist und als
solche weder rechtens noch rechtswidrig: »Denn das Pferd
wendet den *actus utendi* auf die Dinge an, und dennoch
ist seine Handlung weder rechtmäßig noch rechtswidrig«
(RICHARD VON CONINGTON, S. 361).

Der Unterschied von *usus facti* und *usus iuris* fällt bei Ockham mit dem von bloß faktischem Vollzug einer lebens-
notwendigen Tätigkeit und Gebrauchsrecht zusammen, das
immer »ein bestimmtes positives durch eine menschliche
Ordnung errichtetes Recht ist, durch das jeder die Erlaubnis
hat, die Sache eines anderen zu gebrauchen, unbeschadet
deren Substanz« (*quoddam ius positivum determinatum,
institutum ex ordinatione humana, quo quis habet licitam
potestatem et auctoritatem uti rebus alienis, salva rerum
substantia* – OCKHAM, S. 301). Insofern besteht zwischen
Recht und Handlung eine radikale Unvereinbarkeit: »In
welcher Bedeutung man den Ausdruck *usus iuris* auch versteht, er bezeichnet immer ein Gebrauchsrecht, nie den Akt
des Gebrauchs. So hat, wer ein Haus gemietet hat, um darin

zu wohnen, dessen *usus iuris* auch, wenn er gerade nicht darin wohnt; man setzt *iuris* hinzu, um ihn vom *usus facti* zu unterscheiden, der die vollzogene Handlung bezüglich der äußeren Sache ist« (*ebd.*, S. 302).

א Mit Blick auf diese klare Trennung des Eigentums vom Gebrauch haben Gelehrte wie Michel Villey und Paolo Grossi bei den franziskanischen Lehrern die Grundlagen einer modernen Theorie des subjektiven Rechts und einer reinen Theorie des als *actus voluntatis* verstandenen Eigentums erkennen wollen. Man darf jedoch nicht vergessen, dass die Bestimmung des Eigentumsrechts als *potestas* bei Ockham und die des Eigentums als Besitzstreben und *uti re ut sua* in den von Delorme edierten Texten und bei Richard von Conington und Bonagratia nur deshalb formuliert worden sind, um die Abtrennbarkeit und Selbständigkeit des Gebrauchs zu begründen und die Armut und den Verzicht auf jegliches Recht zu legitimieren. Die Theorie des subjektiven Rechts und des *dominium* ist von den Franziskanern erarbeitet worden, um die Macht des positiven Rechts zu verneinen oder besser, zu begrenzen, nicht – wie Villey und Grossi zu glauben scheinen –, um dessen Absolutheit und Souveränität zu begründen; und eben deshalb kamen sie nicht umhin, dessen Eigenschaften und Selbständigkeit zu bestimmen.

3.6. Die Ambiguität der franziskanischen Geste dem Recht gegenüber zeigt sich vielleicht nirgendwo deutlicher als in Olivis Frage *Quid ponat ius vel dominium*. Die Frage, die Olivi beantworten möchte, lautet, ob das Eigentum oder die königliche oder priesterliche Jurisdiktion der Person, die sie ausübt, oder den Dingen und Personen, die von ihnen betroffen sind, etwas Wirkliches hinzufügen *(aliquid realiter addant)* und des Weiteren, ob die tatsächliche Bezeichnung zur Substanz der Zeichen und der bezeichneten Dinge etwas Wirkliches hinzufügt. In der *quaestio* geht es also um nichts Geringeres als um eine Ontologie des Rechts und der Zeichen (einschließlich jener besonderen Zeichen, die die Sakramente sind).

Die Sphäre des Rechts wird nicht zufällig mit der der Zeichen verbunden. Denn es zeigt, dass es um die Existenzweise und die Wirksamkeit jener Entitäten (des Rechts, des Befehls, des Zeichens) geht, auf die sich die Gewalten gründen, die die menschliche Gesellschaft regeln und lenken (einschließlich jener besonderen Gesellschaften, die die Mönchsorden sind). Behandelt wird die Frage anhand der Gegenüberstellung sieben positiver Argumente (die beweisen, dass das Recht und die Zeichen *aliquid realiter addant*) mit ebenso vielen negativen (die dafür sprechen, dass sie *nichil realiter addant*).

Grossi betrachtet den Text als das erste Werk der Rechtsgeschichte, in dem »das Eigentümersein, die *proprietarietas*, zum Gegenstand einer theoretischen Konstruktion wird, die es als einen klar umrissenen, auf solider theologischer Grundlage konstruierten soziologischen Typ aufstellte« (GROSSI, S. 335). Wenn zutrifft, dass Olivi in der *quaestio*, wie wir gesehen haben, eine Ontologie des Rechts und der Zeichen aufstellt, besteht jedoch die Gefahr, das Wesentliche nicht zu bemerken, wenn man die Modalitäten, in der diese Ontologie artikuliert wird, nicht genauer bestimmt. Man betrachte die Schlüsse, die Olivi aus den Argumenten und Gegenargumenten zieht:

Bezogen auf das Verständnis dieser Argumente und ohne das Vorurteil einer besseren Meinung, scheint man aller Wahrscheinlichkeit nach behaupten zu können, dass besagte Gewohnheiten (das Eigentum, die königliche Jurisdiktion usw.) wahrhaftig etwas Wirkliches aufstellen, jedoch keine von den Subjekten, von und in denen sie gesagt werden, verschiedene und sie wirklich informierende Essenz hinzufügen (*vere ponunt aliquid reale, non tamen addunt aliquam diversam essentiam realiter informantem illa subiecta, quorum et in quibus dicuntur* – OLIVI 2, S. 323).

Das heißt im Kontext der mittelalterlichen Philosophie, dass die fraglichen Realitäten nicht auf der Ebene der *Essenz* und dem *quid est*, sondern auf jener der *Existenz* oder dem *quod est* anzusiedeln sind; sie sind also, wie Heidegger Jahrhunderte später schreiben wird, bloße *Existenziale*, keine *essentialia*.

Aus philosophiegeschichtlicher Sicht besteht die Bedeutung dieser *quaestio* darin, dass sich in ihr, gemäß einer Intention, die das franziskanische Denken unzweifelhaft charakterisiert, keine essentialistische, sondern eine gleichsam existentialistische Ontologie abzeichnet. Das bedeutet, dass in eben dem Moment, als dem Recht und den Zeichen eine reale Wirksamkeit zuerkannt wird *(ponunt aliquid reale)*, sie der Ebene der Essenzen enthoben werden, um als bloße Wirksamkeiten Geltung zu behalten, die einzig von einem Befehl des menschlichen oder göttlichen Willens abhängen.

Besonders deutlich ist dies im Fall der Zeichen:

Sofern du sie mit Feinheit und Scharfblick betrachtest, wirst du finden, dass die Bezeichnung der realen Essenz der Sache, derer man sich als Zeichen bedient, nichts anderes hinzufügt als die geistige Intention jener, die sie gestiftet haben und ihre Gültigkeit anerkennen, und desjenigen, der sie zur faktischen Bezeichnung übernimmt, und desjenigen, der sie als Zeichen hört oder empfängt. Doch in der Stimme und der Geste, die vom Befehl dieser Intention hervorgebracht werden *(ab imperio talis intentionis)*, fügt die Bezeichnung zur Intention des Bezeichnenden und zur Essenz der Sache, die als Zeichen dient, den Habitus der befohlenen Wirkung *(habitudinem effectus imperati)* und den von der Intention des Bezeichnenden erzeugten Befehl hinzu *(ebd.,* S. 324).

Die Tatsache, dass im Fall besonderer Zeichen wie der Sakramente und der königlichen Autorität die Grundlage ihrer Wirksamkeit letztlich im göttlichen Willen zu suchen ist, tut der Tatsache keinen Abbruch, dass wir es auch hier mit einem reinen, absolut wesenlosen Befehl zu tun haben. Der Bereich menschlichen Tuns mit seinen Rechten und Zeichen ist wirklich und wirksam, aber er bringt nichts Essentielles hervor, noch erzeugt er eine neue Essenz, die über seine Effekte hinausgehen würde. Folglich haben wir es mit einer reinen Operativitäts- und Effektivitätsontologie zu tun. Der Konflikt mit dem Recht – oder besser der Versuch, es durch den Gebrauch außer Kraft zu setzen und unwirksam zu machen – ist auf derselben existentiellen Ebene angesiedelt, auf der sich auch die Operativität des Rechts und der Liturgie entfaltet. Die Lebensform ist jenes reine Existenzial, das es von den Signaturen des Rechts und des Offiziums zu befreien gilt.

3.7. Versuchen wir, aus unserer Analyse der Armut als Gebrauch bei den franziskanischen Theoretikern ein wenn auch nur vorläufiges Fazit zu ziehen. Zunächst gilt es festzuhalten, dass diese Lehre Teil einer defensiven Strategie war, mit der sie auf die erst von den säkularen Pariser Magistern, dann von der Kurie in Avignon erhobenen Einwände gegen den franziskanischen Verzicht auf jede Form des Eigentums reagierten. Aus dieser Perspektive haben sich der Begriff des *usus facti* und die Idee der Trennbarkeit von Gebrauch und Eigentum zweifellos als wirksame Instrumente erwiesen, mittels deren dem unbestimmten *vivere sine proprio* der franziskanischen Regel Substanz und Legitimität verliehen werden konnte und mit der Bulle *Exiit qui seminat* ein wenn auch nur vorläufiger, so doch nicht unbedingt erwartbarer Sieg über die säkularen Magister errungen wurde. Gleichwohl hat sich diese Lehre, gerade weil sie die Armut im Verhältnis zum Recht bestimmen wollte, als zweischneidiges Schwert erwiesen, denn sie hat den entscheidenden Angriff, den Johannes XXII. im Namen des Rechts ausführte, allererst ermöglicht. War einmal der Status der Armut mit rein negativen Argumenten bezüglich des Rechts definiert und nach Modalitäten, die die Mitwirkung der Kurie voraussetzten, die sich das Eigentum an den Gütern, von denen die Franziskaner Gebrauch machten, vorbehielt, wurde offenbar, dass die Lehre vom *usus facti* den Minoritenbrüdern vor der schweren Artillerie der kurialen Juristen kaum Schutz bieten konnte. Womöglich war sich Nikolaus III., als er Bonaventuras Lehre von der Abtrennbarkeit des Gebrauchs vom Eigentum in der *Exiit qui seminat* übernahm, der Nützlichkeit bewusst, eine Lebensform, die nicht anders in die kirchliche Ordnung hätte integriert werden können, in rechtlichen, wenn auch nur negativen Begriffen zu bestimmen.

Man könnte also sagen, dass Franziskus, der es ablehnte, sich der Terminologie des Rechts zu bedienen, um das *vivere sine proprio* näher zu bestimmen, vorausschauender war als seine Nachfolger; ebenso wahr ist jedoch, dass die *novitas vitae*, die einer kleinen Gruppe von Wandermönchen – denn das waren die Franziskaner zunächst – zugestanden worden war, bei einem mächtigen und zahlenmäßig starken Orden keinesfalls gebilligt werden konnte.

Die Argumentation der franziskanischen Theoretiker verrät, dass sie das Recht zugleich überbewerten und unterschätzen. Einerseits benutzen sie seine Begrifflichkeit, deren Grundlagen und deren Gültigkeit sie zu keinem Zeitpunkt in Frage stellen; andererseits glauben sie, sich mit rechtlichen Argumenten der Möglichkeit versichern zu können, durch einen Verzicht auf das Recht ein Dasein außerhalb des Rechts zu führen.

So verhält es sich auch mit der Lehre vom *usus facti*: Dieser ist augenscheinlich darin begründet, dass faktischer Gebrauch und Recht oder, allgemeiner, *quid iuris* und *quid facti* unterschieden werden können. Die Stärke des Arguments besteht darin, das Wesen des Eigentums bloßzulegen: Seine Wirklichkeit besteht lediglich psychologisch (*uti re ut sua*, in der Intention, die Sache als eigene zu besitzen) und prozedural (gerichtlich einklagbar zu sein); doch statt diese Fragen weiterzuverfolgen und die Stichhaltigkeit des Eigentumsrechts selber in Frage zu stellen (das bei Olivi, wie wir gesehen haben, jegliche Wesentlichkeit verliert und sich als bloße, wenn auch wirksame Signatur erweist), ziehen es die Franziskaner vor, sich hinter der Doktrin der rechtlichen Zulässigkeit der Trennung des faktischen Gebrauchs vom Recht zu verschanzen.

Das zeugt jedoch von einer völligen Verkennung der rechtlichen Struktur, deren konstitutive Bedingung die Unterscheidbarkeit von *factum* und *ius* ist, da nur so zwischen ihnen eine Schwelle der Unbestimmtheit geschaffen werden kann, durch die das Faktum ins Recht eingeschlossen wird. So kannte das römische Recht im Hinblick auf das Eigentum Figuren wie die *detentio* oder die *possessio*, die ausschließlich faktische Zustände sind (unabhängig von einem Rechtstitel den faktischen Besitz an einer Sache haben wie im Fall des faktischen Gebrauchs der Franziskaner), als solche jedoch rechtliche Folgen haben können. Savigny hat diesem Thema ein mittlerweile klassisches Werk gewidmet, in dem es heißt, dass »der Besitz an sich, seinem ursprünglichen Begriffe nach, ein blosses Factum ist: eben so gewiss ist es, dass rechtliche Folgen damit verbunden worden sind. Demnach ist er Factum und Recht zugleich, nämlich seinem Wesen nach Factum, in seinen Folgen einem Rechte gleich« (SAVIGNY, S. 43 f.). Folglich bestimmt Savigny den Besitz als »den factische[n] Zustand, welcher dem Eigenthum, als einem rechtlichen Zustand, correspondirt« (*ebd.*, S. 27). Insofern hängt das *factum* des Besitzes systematisch mit dem Eigentumsrecht zusammen.

In diesem Sinn werden im römischen Recht Sachen, die in niemandes Eigentum stehen, wie auf den Stränden des Meeres zurückgebliebene Muscheln oder wilde Tiere, *res nullius* genannt. Da jedoch derjenige, der sie aufhebt oder einfängt, *ipso facto* ihr Eigentümer wird, ist offensichtlich (eben deshalb haben es die Franziskaner immer vermieden, sie als Beispiel für ihren *usus facti* zu verwenden), dass sie, die scheinbar außerhalb des Rechts stehen, nichts weiter sind als die Voraussetzung der Aneignungshandlung, die sie in Eigentum verwandelt. Die Faktizität des Gebrauchs allein reicht nicht hin, um eine Exteriorität gegenüber dem Recht zu garantieren, da nicht nur jedes Faktum in Recht verwandelt werden kann, sondern auch jedem Recht ein faktischer Aspekt eignet.

Deshalb müssen die Franziskaner auf dem »enteignenden« Charakter (*paupertas altissima* [...] *est expropriativa, ita quod nichil nec in communi nec in speciali possint sibi appropriare, nec aliquis frater nec totus ordo* – EHRLE, S. 52) der Armut bestehen und auf der Verweigerung jeden *animus possidendi* seitens der Minoriten, die von den Dingen *ut non suae* Gebrauch machen; doch auf diese Weise verwickeln sie sich immer tiefer in die juristische Begrifflichkeit, von der sie schließlich überwältigt und besiegt werden sollten.

3.8. In der franziskanischen Literatur wird der Gebrauch immer nur im Gegensatz zum Recht definiert, niemals an sich. Die Bemühungen, eine Rechtfertigung des Gebrauchs in rechtlichen Begriffen zu konstruieren, haben verhindert, dass die von den Paulusbriefen, insbesondere von 1Kor, 7, 20 – 31, wo der Gebrauch der Welt, als ob man sie nicht gebraucht oder missbraucht (*et qui utuntur hoc mundo, tamquam non utantur*; das *hōs mē katachrōmenoi* des griechischen Originals bedeutet »als ob nicht missbrauchend«), die Lebensform des Christen bestimmt, gegebenen Stichworte für eine Theorie des Gebrauchs zu einem schlagenden Argument gegen die These Johannes' XXII. über den Gebrauch der konsumierbaren Dinge als *abusus* geworden sind. Im selben Sinn hätte die Konzeption der Armut als »enteignend« seitens der Spiritualen über das Recht hinaus auf die gesamte Existenz der Minoritenbrüder verallgemeinert werden können, wenn man sie mit jener gewichtigen Stelle in den *Admonitiones* in Zusammenhang gebracht hätte, an der Franziskus die Erbsünde mit der Aneignung des Willens gleichsetzt (*ille enim comedit de ligno scientiae boni, qui sibi suam voluntatem appropriat* [...] – FRANZISKUS 1, I, S. 83). Zur selben Zeit, als in der scholastischen Theologie der Wille zu dem Dispositiv geworden war, das die Definition der Freiheit und der Verantwortlichkeit des Menschen als *dominus sui actus* erlaubte, bestimmt Franziskus die *forma vivendi* der Minoritenbrüder als jenes Leben, das nicht nur zu den Dingen, sondern auch zu sich selbst ein Verhältnis der Unaneigenbarkeit und der Verwerfung der Idee eines eigenen Willens unterhält (was den Thesen jener Rechtshistoriker, die, wie wir gesehen haben, meinen, im Franziskanertum die Grundlegung des subjektiven Rechts erblicken zu können, radikal widerspricht).

Die ausschließliche Konzentration auf die Angriffe zunächst der weltlichen Magister, dann der Kurie hat die franziskanischen Theoretiker daran gehindert, den Gebrauch mit der minoritischen Lebensform in allen ihren Aspekten in Verbindung zu bringen. Trotzdem hätte Franziskus von Ascolis Konzeption des *usus facti* als sukzessives Sein, das immer *in fieri* ist, und seine daraus folgende Verbindung mit der Zeit das Stichwort für die Entwicklung des Begriffs des Gebrauchs in Richtung des *habitus* und der *habitudo* geben können. Das genaue Gegenteil machen Ockham und Richard von Conington, die, *usus facti* definierend, wieder einmal, um ihn als *actus utendi* dem Recht entgegenzusetzen, mit der monastischen Tradition brechen, die die Konstitution von *habitus* bevorzugte, und in offensichtlichem Bezug auf die aristotelische Lehre des Gebrauchs als *energeia* das Leben der Minoritenbrüder als eine Serie von

Handlungen aufzufassen scheinen, die niemals in Habitus und Gewohnheit, das heißt in Lebensform, aufgehen.

Das Festhalten an der Konzeption des Gebrauchs als Tat und *energeia* führte dazu, dass die franziskanische Lehre des Gebrauchs in einer alles in allem fruchtlosen Auseinandersetzung zwischen Konventualen, die dessen Natur als einen *actus intrinsecus* betrachteten, und Spiritualen, die behaupteten, dass er sich in einem *actus extrinsecus* vollziehe, aufgerieben wurde. Statt den Gebrauch als eine konkrete Folge von Verzichtshandlungen auf das Recht auf der Ebene bloßer Praxis anzusiedeln, wäre es interessanter gewesen, den Versuch zu unternehmen, seinen Zusammenhang mit der Lebensform der Minderbrüder zu denken und sich zu fragen, wie diese Handlungen in ein *vivere secundum formam*, einen Habitus überführt werden können.

Aus dieser Perspektive hätte sich der Gebrauch als das *tertium* bezüglich des Rechts und des Lebens, der Potenz und des Akts erweisen können, das eine – nicht negative – Definition der Lebenspraxis der Mönche, ihrer Lebens-Form ermöglicht.

א Seit dem 12. Jahrhundert entstanden in den Augustiner-, Benediktiner- und Zisterzienserklöstern neben der Regel *consuetudines*, zuweilen auch *usus (usus conversorum)* genannte Texte, die ihren Höhepunkt in der *devotio moderna* finden sollten. Diese Texte – die tatsächlich, nicht selten in der ersten Person, lediglich von den alltäglichen Verrichtungen des Mönchs berichten (*Suscitatus statim volo surgere et incipere cogitare de materia preparando me studendo et habere sensus meos apud me in unum collectos* […] *facto prandio et hymno dicto sub*

silentio, calefacio me si frigus est – *Consuetudines*, S. 1 f.) –
als Ergänzungen oder Entfaltungen der Regeln zu deu-
ten, geht in die falsche Richtung. Tatsächlich handelt es
sich um die Rückführung der Regeln auf ihre ursprüngliche Natur, Mitschrift der *conversatio* oder Lebensweise
der Mönche zu sein. Die aus dem Habitus und der Gewohnheit hervorgegangene Regel, die mit der Zeit im
Amt und in der Liturgie aufgegangen war, zeigt sich nun
wieder im schlichten Gewand des Gebrauchs und des
Lebens. Die *Consuetudines* gehören also in den Kontext
jenes Prozesses, durch den sich seit dem 13. Jahrhundert
der Schwerpunkt der Spiritualität von der Ebene der
Regel und der Lehre auf die des Lebens und der *forma
vivendi* verlagert. Bezeichnenderweise wird die Lebensform in diesen Schriften nur in Form der *consuetudo*
bezeugt, als ob die Verrichtungen des Mönchs nur einen
Sinn hätten, wenn sie zu Gewohnheiten werden.

3.9. Aus dieser Perspektive erhält Olivis Behauptung, dass
sich der *usus pauper* zur *abdicatio iuris* wie die Form zum
Stoff verhalte, eine neue, entscheidende Bedeutung. Die *abdicatio iuris* und das Leben außerhalb des Rechts sind lediglich der Stoff, der, durch den *usus pauper* bestimmt, zur
Lebensform werden muss: *Sicut autem forma ad sui exis-
tentiam preexigit materiam tanquam sue existentie funda-
mentum, sic professio pauperis usus preexigit abdicationem
omnis iuris tanquam sue grandissime existentie et ambitus
capacissimam materiam* (EHRLE, S. 508). *Usus* bedeutet
hier nicht mehr schlicht und einfach den Verzicht auf das
Recht, sondern das, was diesen Verzicht in eine Lebensweise, eine Lebensform überführt.

Und es ist wiederum ein Text Olivis, in dem diese entscheidende Bedeutung der Lebensform theoretisch zu vollem Bewusstsein kommt und dementsprechend auch und erstmals zu einer explizit eschatologischen Rechtfertigung. In der achten Frage *De perfectione evangelica* übernimmt Olivi das joachitische Schema der sechs Weltzeitalter, die sich auf drei *status* verteilen: den Vater (Altes Testament), den Sohn (Neues Testament), den Heilige Geist (Erfüllung und Ende des Gesetzes), denen er die Ewigkeit als siebtes Zeitalter hinzufügt. Was jedoch laut Olivi die Vortrefflichkeit des sechsten und siebten Zeitalters ausmacht, ist nicht einfach das Erscheinen der »Person« Christi, sondern das seines »Lebens«:

Die sechste und siebte Zeit könnten nicht das Ende der vorausgegangenen Zeiten bilden, wenn in ihnen das Leben Christi nicht auf einzigartige Weise erschiene *(nisi in eis vita Christi singulariter appareret)* und wenn der Welt durch den Geist Christi nicht der besondere Frieden der Liebe Christi und seiner Kontemplation zuteil geworden wäre. Denn wie die Person Christi das Ende des Alten Testaments und aller Personen ist, so ist das Leben Christi das Ende des Neuen Testaments und sozusagen aller Leben (*sic vita Christi finis est Novi Testamenti et, ut ita dicam, omnium vitarum* – OLIVI 3, S. 150).

Betrachten wir die Geschichtstheologie, die diesen Thesen zugrunde liegt, etwas genauer. Der Anbruch des Zeitalters des Geistes fällt also nicht mit der Ankunft der *persona* Christi (die das zweite Stadium bezeichnet hatte) zusammen, sondern mit der seiner *vita*, die die Erfüllung und das Ende nicht nur des neuen Bundes, sondern auch aller Leben bedeutet – das »sozusagen« *(ut ita dicam)* verrät, dass Olivi durchaus wusste, wie unerhört seine Behauptung war. Gemäß dem Prinzip der in allen Epochen der Kirchengeschichte wirksamen Dispensation der »Lebensweisen« (»fraglos ist das Leben Christi eines und besser als alle anderen, aber in den fünf vorausgehenden Stadien der Kirche sind viele Leben und viele Lebensweisen nacheinander aufgetreten (*multae vitae et multi modi vivendi successive apparuerunt*)« – ebd., S. 157) war zwar das Leben Christi auch in früheren Zeitaltern erschienen. Doch erst am Ende der Zeiten *(in fine temporum)* zeigt es sich »gemäß der völligen Übereinstimmung mit seiner Einheit und seiner Form *(secundum plenam conformitatem suae unitati et specie)*« (*ebd.*). War bei der ersten Ankunft Christi Johannes der Täufer »als Prophet und mehr als Prophet« auserwählt worden, so ist bei der Wiederkunft Franziskus auserwählt, »das Leben Christi in die Welt zu tragen und zu erneuern *(ad introducendam et renovandam Christi vitam in mundo)*« (*ebd.*, S. 148).

Die eigentümliche Eschatologie der franziskanischen Botschaft kommt nicht in einer neuen Lehre zum Ausdruck, sondern in einer Lebensform, durch die das Leben Christi von neuem in die Welt tritt, um nicht so sehr die historische Bedeutung der »Personen« in der Heilsökonomie, als vielmehr ihr Leben als solches zu erfüllen. Insofern ist die franziskanische Lebensform das Ende aller Leben *(finis omnium vitarum)*, der letzte *modus*, nach dem die vielfältige historische Dispensation der *modi vivendi* unmöglich geworden ist. In ihrer Art, von den Dingen Gebrauch zu machen, ist die »höchste Armut« die Lebens-Form, die auf den Plan tritt, wenn alle Lebensformen des Abendlands ihre geschichtliche Vollendung erreicht haben.

Schwelle

Woran es der franziskanischen Lehre des Gebrauchs man-
gelte, war der Versuch, jene Verbindung mit der Idee der
Lebensform zu denken, die Olivis Text implizit zu fordern
scheint. Es ist, als ob die *altissima paupertas*, die nach dem
Willen des Gründers die franziskanische Lebensform als
vollkommenes Leben bestimmen sollte – und die in Texten
wie dem *Sacrum commercium Sancti Francisci cum Domi-
na Paupertate* diese Funktion auch tatsächlich erfüllt –, in
der Kombination mit dem Begriff *usus facti* ihre zentrale
Stellung verliert und sich nur noch durch die Negation des
Rechts auszeichnet. Freilich hat sich dank der Lehre des
Gebrauchs das franziskanische Leben vorbehaltlos einer
Existenzweise verschreiben können, die dem Recht entzo-
gen ist, das heißt, die, um sein zu können, auf das Recht
verzichten muss – und gewiss ist dies das Vermächtnis,
dem sich die Moderne nicht zu stellen vermochte und das
unsere Zeit nicht einmal zu denken imstande zu sein
scheint. Doch was ist ein Leben außerhalb des Rechts, wenn
es als die Lebensform bestimmt wird, die von den Dingen
Gebrauch macht, ohne sie sich anzueignen? Und was wäre
der Gebrauch, wenn er nicht mehr bloß negativ mit Blick
auf das Eigentum bestimmt werden würde?
Nunmehr wird das Problem des wesentlichen Zusammenhangs von Gebrauch und Lebensform unaufschiebbar. Wie
kann der Gebrauch – also ein Verhältnis zur Welt in ihrer
Unaneigenbarkeit – in ein *ethos*, eine Lebensform übersetzt
werden? Und welche Ontologie und Ethik entsprechen

einem Leben, das aus dem Gebrauch als ein mit seiner Form untrennbar verbundenes hervorgeht? Will man diese Fragen beantworten, muss man sich unweigerlich mit dem ontologischen Operativitätsparadigma auseinandersetzen, mittels dessen sich die Liturgie in einem Jahrhunderte dauernden Prozess der Ethik und Politik des Abendlands bemächtigt hat. Der Gebrauch und die Lebensform sind die Dispositive, mittels deren die Franziskaner den – freilich unzulänglichen – Versuch unternommen haben, sich diesem Paradigma entgegenzustellen. Doch es ist sicher, dass sich nur durch die Wiederaufnahme der Auseinandersetzung aus einer neuen Perspektive entscheiden kann, ob und in welchem Maße das, was sich bei Olivi als letzte Lebensform des christlichen Abendlands abzeichnet, noch von Bedeutung ist oder ob die globale Herrschaft des Operativitätsparadigmas es notwendig macht, die entscheidende Auseinandersetzung auf einem anderen Feld auszutragen.

Literaturverzeichnis

Das Literaturverzeichnis enthält nur Monographien und Aufsätze, die im Text zitiert wurden.

AGAMBEN 1: GIORGIO AGAMBEN, Opus Dei. Archeologia dell'ufficio, Turin, Bollati Boringhieri, 2012.

AGAMBEN 2: GIORGIO AGAMBEN, Signatura rerum. Zur Methode, Frankfurt am Main, Suhrkamp, 2009.

AMBROSIUS: Sancti Ambrosii Episcopi Mediolanensis Opera, Bd. 4, Mailand-Rom, Città Nuova, 1980.

AUGUSTINUS: AUGUSTINUS, L'istruzione cristiana, hg. von M. Simonetti, Mailand, Mondadori-Valla, 1994.

BACHT: HEINRICH BACHT, Das Vermächtnis des Ursprungs. Studien zum frühen Mönchtum, 2 Bd., Würzburg, Echter Verlag, 1982.

BADER: GÜNTER BADER, Melancholie und Metapher, Tübingen, Mohr, 1990.

BARTOLUS: Tractatus minoriticarum, in BARTOLI ... Opera, Lugduni, 1555.

BENVENISTE: ÉMILE BENVENISTE, Le vocabulaire des institutions indo-européennes, Bd. 2, Paris, Minuit, 1969.

BERNHARD: BERNHARD VON CLAIRVAUX, Le precepte et la dispense. La conversion, »Sources Chrétiennes« 457, Paris, Cerf, 2000.

BONAGRATIA: BONAGRATIA VON BERGAMO, Tractatus de Christi et apostolorum paupertate, hg. von L. Oliger, in »Archivium Franciscanum historicum«, n. 22, 1929.

BONAVENTURA 1: Apologia pauperum, in BONAVENTURA, Opera omnia, Bd. 14, 2, Rom, Città Nuova, 2005.

Bonaventura 2: De perfectione evangelica, in Id., Opera omnia, Bd. 5, 3, Rom, Città Nuova, 2005.

Cabasilas: Nicolaus Cabasilas, Explication de la divine liturgie, hg. von S. Salaville, »Sources Chrétiennes« 4bis, Paris, Cerf, 1967.

Calati: Benedetto Calati, Sapienza monastica. Saggi di storia, spiritualità e problemi monastici, Rom, Centro Studi Sant'Anselmo, 1994.

Capelle: Catherine Capelle, Le voeu d'obéissance des origines au xiie siècle. Étude juridique, Paris, Librairie générale de droit et de jurisprudence, 1959.

Cassian 1: Jean Cassien, Institutions cénobitiques, hg. von J.-C. Guy, »Sources Chrétiennes« 109, Paris, Cerf, 2001.

Cassian 2: Jean Cassien, Conferences, hg. von Pichery, »Sources Chrétiennes« 64, Bd. 3, Paris, Cerf, 1959.

Clarenus: Expositio super Regulam Fratrum Minorum di Frate Angelo Clareno, hg. von Giovanni Boccali, Santa Maria degli Angeli, Porziuncola, 1995.

Coccia: Emanuele Coccia, »Regula et vita«. Il diritto monastico e la regola francescana, in »Medioevo e Rinascimento«, xx, 2006, S. 97 – 147.

Consuetudines: Consuetudines fratrum vitae communis, hg. von W. Jappe Alberts, »Fontes minores medii aevi«, Groningen, J. B. Wolters, 1959.

Conte: Amedeo G. Conte, Filosofia del linguaggio normativo, Bd. 2, Turin, Giappichelli, 1995.

Delorme: Ferdinand Delorme, Notice et extraits d'un manuscrit franciscaine, in »Collectanea franciscana«, n. 15, 1945, S. 5 – 91.

Ehrle: Franz Ehrle, Olivis Leben und Schriften, in »Archiv für Literatur- und Kirchengeschichte des Mittelalters«, iii, 1887, S. 497 – 533.

Exit: Textus originales, ed. Collegii S. Bonaventurae, Ad Claras aquas, 1897.

Febvre: Lucien Febvre, Le problème de l'incroyance au XVIe siècle. La religion de Rabelais, Paris, Albin Michel, 1942.

Frank: Karl S. Frank, Fiktive Mündlichkeit in der monastische Literatur, in Clemens M. Kasper, Karl Schreiner (Hgg.), »Viva vox und ratio scripta«. Mündliche und schriftliche Kommunikationsformen im Mönchtum des Mittelalters, Münster, LIT, 1997.

Franziskus 1: La letteratura francescana, Bd. 1, Francesco e Chiara d'Assisi, hg. von C. Leonardi, Mailand, Fondazione Valla-Mondadori, 2004.

Franziskus 2: La letteratura francescana, Bd. 2, Le vite antiche di san Francesco, hg. von C. Leonardi, Mailand, Fondazione Valla-Mondadori, 2005.

Franziskus von Ascoli: Francisci de Esculi, Improbatio, hg. von N. Mariani, Grottaferrata, Ad Claras Aquas, 1993.

Gilson: Étienne Gilson, Rabelais franciscain, in »Revue d'histoire franciscaine«, n. 1, 1924.

Gregor von Nazianz: Gregor von Nazianz, Tutte le orazioni, hg. von C. Moreschini, Mailand, Bompiani, 2000.

Grossi: Paolo Grossi, »Usus facti. La nozione di proprietà nella inaugurazione dell'età nuova«, in Quaderni fiorentini per la storia del pensiero giuridico moderno 1 (1972), S. 287 – 355.

Grundmann: Herbert Grundmann, Religiöse Bewegungen im Mittelalter, 2., verb. u. erg. Aufl., Hildesheim, Georg Olms, 1961.

Guglielmo: Guillelmi Duranti, Rationale divinorum officiorum, a cura di A. Davril e T. M. Thibodeau, »Corpus Christianorum« 140, vol. 1, Turnholti, Brepols, 1995.

Herwegen: Ildefons Herwegen, Das Pactum des Hl. Fruktuosus von Braga. Ein Beitrag zur Geschichte des Suevisch-

Westgothischen Mönchtums und seines Rechtes, »Kirchen-
rechtliche Abhandlungen« 40, Stuttgart, Enke, 1907.

HIPPOLYT: La tradition apostolique de S. Hippolyte, hg. von
B. Botte, »Liturgiewissenschaftliche Quellen und Forschungen« 39, Münster, Aschendorff, 1963.

HUGO VON DIGNE 1: »Expositio Hugonis super regulam fratrum
minorum«, in: ALESSANDRA SISTO, Figure del primo francescanesimo in Provenza. Ugo e Douceline di Digne, Florenz,
Olschki, 1971.

HUGO VON DIGNE 2: »De finibus paupertatis auctore Hugone de
Digna«, hg. von C. Florovski, in: Archivium Franciscanum
Historicum, n. 5, 1912, S. 277–290.

Jura: Vies des pères du Jura, hg. von F. Martine, »Sources Chrétiennes« 142, Paris, Cerf, 1968.

LAMBERTINI: ROBERTO LAMBERTINI, Apologia e crescita
dell'identità francescana (1255–1279), Rom, Istituto Storico
per il Medio Evo, 1990.

MÄKINEN: VIRPI MÄKINEN, Property rights in Late Medieval
discussion on Franciscan poverty, Leuven, Peeters, 2001.

MARINI: ALFONSO MARINI, La »forma vitae« di San Francesco
per San Damiano tra Chiara d'Assisi, Agnese di Boemia ed in-
terventi papali, in »Hagiographica«, n. 4, 1997, S. 179–195.

MAZÓN: CÁNDIDO MAZÓN, Las reglas de los religiosos. Su
obligación y naturaleza juridica, Rom, Pontificia Università
Gregoriana, 1940.

OCKHAM: WILHELM VON OCKHAM, Opus nonaginta dierum,
in ID., Opera politica, hg. von R. F. Bennet und H. S. Offler, vol.
1, Manchester, University Press, 1963, S. 293–374.

OHM: JULIANE OHM, »Der Begriff carcer in Klosterregeln des
Frankenreichs«, in Consuetudines monasticae. Eine Festgabe
für Kassius Hallinger aus Anlass Seines 70. Geburtstages, hg.
von J. F. Angerer und J. Lenzenweger, Rom, Centro Studi
Sant'Anselmo, 1982, S. 145–155.

Olivi 1: Peter Olivi's rule commentary, hg. von D. Flood, Wiesbaden, Steiner, 1972.

Olivi 2: Ferdinand Delorme, Question de P. J. Olivi »Quid ponant ius vel dominium« ou encore »De signis voluntariis«, in »Antonianum«, n. 20, 1945, S. 309 – 330.

Olivi 3: Quaestio octava de altissima paupertate, in Johannes Schlageter, Das Heil der Armen und das Verderben der Reichen. Petrus Johannis Olivi ofm. Die Frage nach der höchsten Armut, »Franziscanische Forschungen« 34, Werl, Dietrich-Coelde, 1989.

Penco: Gregorio Penco, Medioevo monastico, Rom, Centro Studi Sant'Anselmo, 1988.

Peterson: Erik Peterson, Das Buch von den Engeln. Stellung und Bedeutung der heiligen Engel im Kultus, in Id., Ausgewählte Schriften, vol. 1, Theologische Traktate, Würzburg, Echter, 1994.

Pricoco: La regola di san Benedetto e le regole dei Padri, hg. von S. Pricoco, Mailand, Fondazione Lorenzo Valla-Mondadori, 1995.

Quatuor mag.: Expositio quatuor magistrorum super regulam fratrum minorum (1241 – 1242), hg. von L. Oliger, Rom, Edizioni di Storia e Letteratura, 1950.

Rabelais: François Rabelais, L'Abbaye de Thélème, hg. von R. Morçay, Paris, Droz, 1934 [Gargantua und Pantagruel, aus dem Franz. von F. A. Gebcke, Frankfurt am Main, Insel, 1974].

Richard von Conington: Responsiones fratris Richardi de Conyngtona ad rationes papales, hg. von D. L. Douie, in »Archivum franciscanum historicum«, n. 24, 1931, S. 355 – 369.

Righetti: Mario Righetti, Storia liturgica, Bd. 2, Mailand, Ancora, 1950.

Romanis: Expositio Beati Humberti … magistri ordinis Praedicatorum super regulam Beati Augustini …, Comi, Typis Hieronymi Frouae, 1602.

Savigny: Friedrich Carl von Savigny, Das Recht des Besitzes. Eine civilistische Abhandlung, 7., aus dem Nachlasse des Verfassers und durch Zusätze des Hrsg. [Adolf Friedrich Rudorff] vermehrte Aufl., Wien, Gerold, 1865.

Stein: Peter Stein, Regulae iuris. From juristic rules to legal maxims, Edinburgh, University Press, 1966.

Suárez: Francisco Suárez, De voto, in Id., Opera omnia, Bd. xiv, Paris, Vives, 1869.

Tabarroni: Andrea Tabarroni, La regola francescana tra autenticità e autenticazione, in Dalla »sequela Christi« di Francesco d'Assisi all'apologia della povertà. Atti del xviii Convegno internazionale, Assisi 18 – 20 ottobre 1990, Spoleto, Fondazione Centro italiano di Studi sull'alto medioevo, 1992.

Tarello: Giovanni Tarello, Profili giuridici della questione della povertà nel francescanesimo prima di Ockham, in »Annali della Facoltà di Giurisprudenza dell'Università di Genova«, iii, 1964, S. 338 – 448.

Tertullian 1: Tertullien, Le voile des vierges, hg. von P. Mattei, »Sources Chrétiennes« 424, Paris, Cerf, 1997.

Tertullian 2: Tertullien, Traité de la prescription contre les hérétiques, hg. von P. de Labriolle, »Sources Chrétiennes« 46, Paris, Cerf, 1957.

Thesaurus: Dialogus inter cluniacensem et cisterciensem, in Thesaurus novus anecdotorum, hg. von F. Martène und U. Durand, Bd. v, Paris, 1717.

Thomas: Yan Thomas, Le sujet concret et sa personne. Essai d'histoire juridique rétrospective, in Olivier Cayla, Yan Thomas, Du droit de ne pas naitre. À propos de l'affaire Perruche, Paris, Gallimard, 2002.

Tyconius: Tyconius, The book of rules, hg. von W. S. Babcock, Atlanta, Society of Biblical Literature, 1989.

Ubertin: Ubertini de Casali »Super tribus sceleribus«, hg. von

A. Heysse, in: Archivium Franciscanum Historicum, n. 10, 1917, S. 103 – 174.

VILLEY: MICHEL VILLEY, La formation de la pensée juridique moderne, Paris, PUF, 1968.

VOGÜÉ 1: Les règles des saints pères, hg. von A. de Vogüé, »Sources Chrétiennes« 297, Paris, Cerf, 1982, 2 Bde.

VOGÜÉ 2: La règle du maître, hg. von A. de Vogüé, »Sources Chrétiennes« 105, Paris, Cerf, 1964, 3 Bde.

VOGÜÉ 3: ADALBERT DE VOGÜÉ, De St. Pachôme à Jean Cassien. Études littéraires et doctrinales sur le monachisme égyptien à ses débuts, Rom, Centro Studi Sant'Anselmo, 1996.

WERNER: ERIC WERNER, Il sacro ponte. Interdipendenza liturgica e musicale nella Sinagoga e nella Chiesa del primo millennio, Edizioni Dehoniane, Neapel, 1983.

WILHELM: GUILLELMI DURANTI, Rationale divinorum officiorum, hg. von A. Davril und T. M. Thibodeau, »Corpus Christianorum« 140, Bd. 1, Turnholti, Brepols, 1995.

WITTGENSTEIN 1: LUDWIG WITTGENSTEIN, Philosophische Untersuchungen, in ID., Schriften 1, Frankfurt am Main, Suhrkamp, 1969.

WITTGENSTEIN 2: LUDWIG WITTGENSTEIN, Philosophische Bemerkungen, in ID., Schriften 2, Frankfurt am Main, Suhrkamp, 1969.

ZEIGER: IVO ZEIGER, Professio super altare, in Miscellanea iuridica, »Analecta gregoriana« 8, Rom, Pontificia Università Gregoriana, 1935, S. 160 – 185.

Register